La Féodalité dans le nord de la France.

BANS & ARRIÈRE-BANS

DE LA

FLANDRE WALLONNE

SOUS

CHARLES LE TÉMÉRAIRE

ET

MAXIMILIEN D'AUTRICHE

PUBLIÉS AVEC UNE

TABLE DES NOMS DE FAMILLE & DE SEIGNEURIE

PAR

Félix BRASSART,

DOUAISIEN.

DOUAI

L. CRÉPIN, LIBRAIRE ÉDITEUR

23, rue de la Madeleine, 23

1884

NOTE

POUR LA BIBLIOGRAPHIE DE LA FRANCE

PUBLICATION DU MINISTÈRE DE L'INTÉRIEUR.

Cet ouvrage a été tiré à 25 exemplaires sur papier vergé d Hollande, dont quelques uns sont dans le commerce.

Prix : 6 francs centimes.

BANS & ARRIÈRE-BANS

DE LA

FLANDRE WALLONNE.

Extrait des *Souvenirs de la Flandre wallonne*, 2ᵉ série, t. IV.

———

Tiré à trente-cinq exemplaires numérotés.

Nº

La Féodalité dans le nord de la France.

BANS & ARRIÈRE-BANS

DE LA

FLANDRE WALLONNE

SOUS

CHARLES LE TÉMÉRAIRE

ET

MAXIMILIEN D'AUTRICHE

PUBLIÉS AVEC UNE

TABLE DES NOMS DE FAMILLE & DE SEIGNEURIE

PAR

Félix BRASSART,

DOUAISIEN.

DOUAI

L. CRÉPIN, LIBRAIRE ÉDITEUR

23, rue de la Madeleine, 23

1884

BANS & ARRIÈRE-BANS

DE LA

FLANDRE WALLONNE

SOUS

CHARLES LE TÉMÉRAIRE & MAXIMILIEN D'AUTRICHE

Avec le Téméraire commença pour les Flandres l'ère des guerres sans fin, succédant à celle de la paix florissante dans laquelle le Bon Duc avait su entretenir ses Etats, tellement « que pour lors ses terres se pouvoient mieux dire terres de promission, que nulles autres seigneuries qui fussent sur la terre »(1). Cette paix néanmoins avait été plusieurs fois troublée, après le fameux traité d'Arras (21 septembre 1435), notamment lors de la révolte des Gantois, de la campagne de France, dite du Bien Public et de celle contre les Liégeois ; alors le duc, pour se procurer les forces nécessaires, faisait « publier ses mandements tels, c'est à savoir que tous ceux qui avoient coutume de porter les armes fussent prests en armes»

(1) Commynes, *Mémoires*, édit. Dupont, Paris, 1840, in-8, I, 19.

à tel jour et à tel lieu (1). En outre les baillis se mettaient sans doute en devoir de presser les retardataires et de découvrir les récalcitrants ; mais comme les expéditions n'étaient pas de longue durée et que l'armée ducale se trouvait en force (2), il n'est pas resté de trace, dans les archives, du « besogné » de ces officiers, pour le temps de Philippe le Bon.

Il en fut tout autrement sous son successeur, dont les exigences ne laissèrent plus de repos aux baillis dans la recherche incessante des fiefs et des arrièrefiefs entraînant pour leurs possesseurs l'obligation du service militaire. Dès l'issue de sa première campagne de Liége de l'an 1467, il rendit une ordonnance « pour empeschier les terres et seignouries de ceulx qui ne » l'avaient pas « servy en personne » dans sa « derrenière guerre et armée contre les Liégeois » (3).

Des quatre pièces que nous publions, trois se rapportent au règne du Téméraire.

La première est un relevé très sommaire, fait en

---

(1) Duclerc, *Mémoires*, édit. Reiffenberg, Bruxelles, 1835, in-8, II, 14.

(2) En 1465, à l'ouverture de la campagne du Bien-Public, « quand la monstre fut faite », il se trouva tant d'archers, qu'il « y eut plus à faire à les renvoyer qu'à les appeler ». Commynes, *l. cit.*

(3) Le bailli de Douai ayant en conséquence mis en la main du duc « la chastellenie de Douay et les fruis et revenues d'icelle, appartenant » à la ville, dont aucun échevin n'avait paru en l'armée, le duc, par ses lettres datées de Bruges, le 14 mai 1468, consentit à la main-levée de la saisie, en considération de ce que es échevins et « habitans » avaient envoyé, dans cette guerre, « à leurs frais et despens, certain nombre de compaignons de guerre, selon leur pouoir et faculté ». — Archives municip., lay. EE 6. Pilate, n° 1077.

1470, des fieffés de la salle de Lille. C'était une sorte de prélude d'une mesure qui fut prescrite aux baillis de la Flandre wallonne, dans l'hiver de 1473-1474, pour obliger les fieffés et les arrière-fieffés des trois châtellenies de Lille, de Douai et d'Orchies, à présenter une déclaration du revenu de leur fief (1). Déjà s'annonçait la taxe en argent, à la charge, non seulement de ceux qui ne faisaient point profession des armes, mais aussi des gentilshommes qu'on jugerait pouvoir donner plus que leur service ordinaire.

Cette taxe fut appliquée en 1475, sur le pied du sixième denier du revenu des fiefs, suivant le détail consigné, pour le bailliage de Lille, dans un registre dont nous donnons des extraits.

C'est la deuxième des pièces ci-après publiées. On y trouve de nombreux renseignements sur les officiers et les soldats du Téméraire, sur les exemptions de service, etc.

Et d'abord, les noms de trois combattants qui avaient succombé devant Neuss, ville forte sur le Rhin, dont le siège, fameux en ce temps-là, dura du mois de juillet 1474 au mois de mai 1475 (2) ; ce sont : le fils de Jean d'Hérignies et Jean de Ruimont et Jean de Werquigneul, écuyers. Un autre gentilhomme, Jean de Marchenelle, qui avait eu une jambe brisée « par deux fois », y fut « tellement reffroidié », qu'il ne pouvait plus s'« aider de ladite

---

(1) Bon nombre de ces déclarations subsistent dans le fonds de a chambre des comptes de Lille.

(2) Molinet, *Chroniques*. édit. Buchon, Paris, 1827, in-8, I, 27-139.

jambe ». Plus heureux, Charles Sucquet y fut fait chevalier par son prince, le 23 mai 1475, avant la bataille livrée à l'Empereur (1).

A une autre campagne, celle de Normandie, Bauduin de Croix, écuyer, fut fait prisonnier à Eu et rançonné de 900 écus, outre « les despens ». Jean Fremault était encore en 1475 « prisonnier aux Franchois ».

Au nombre des fieffés de Lille, on comptait également le capitaine des archers du duc, Georges de Rosimbos, qui trouva la mort à Morat, le 22 juin 1476 (2) et le prévôt des maréchaux, Maillart du Bacq, seigneur de Relinghes, fait chevalier par le Téméraire, le 23 mai 1475, avant la bataille livrée à l'Empereur, devant Neuss (3).

Il y avait aussi plusieurs gentilshommes attachés à la personne du duc et à celle de la duchesse et qui semblent avoir joui de l'exemption, tels que : Louis de Meurchin, échanson du duc, Nicolas de Sainte-Aldegonde *dit* de Nortquelmes (par corruption : Noircarmes), écuyer, fils de « demoiselle » Isabelle Blondel, héritière de Genech, qui était « de l'hostel du duc »; M° Jacques Thieulaine, secrétaire du duc; Guilbert de Tenremonde, panetier de la duchesse, Jean d'Allennes, « compté par les escroes en l'hostel» de cette princesse. Quant au seigneur d'Estrées (Charles d'Onguies), quoique panetier du duc, il servait en personne.

(1) Molinet, I, 129.
(2) *Id.*, 203.
(3) *Id.*, 129.

A l'égard des exemptions, on ne les accordait aux gentilshommes que difficilement et dans des cas déterminés, même quand ils offraient de payer la taxe Ainsi Bauduin de Croix, malade, n'est pas admis à l'acquitter, jusqu'à ce que « sur ce soit prins advis », attendu sa noblesse. Sont exemptés les gentilshommes suivants : Jean Le Monnoyer, parcequ'il est « affolé » d'un bras, Philippe Le Monnoyer, pour « tendre complection », Luc de Hem, parcequ'il « est homme pesant » et ayant atteint la cinquantaine, Jean de La Hamaide, septuagénaire et Gauthier de Croix, octogénaire.

Les « soldoyers » du château de Lille prétendaient à l'exemption complète.

Sur cette liste il est fait mention de l'anoblissement de M⁰ Clarembault Couronnel, celui qui fut décapité à Hesdin, vers le 19 avril 1477, par l'ordre de Louis XI ; ses lettres ne sont pas connues ; mais on trouve dans Le Roux (*Recueil de la noblesse*, Lille, 1715, in-4, page 20) l'indication de celles d'une autre fieffée de Lille, « demoiselle » Marguerite Vredière, veuve de Jean du Bosquiel, qui en 1459 avait été anoblie moyennant finance, elle et sa postérité.

Citons encore en passant un misérable gentilhomme, d'une des plus anciennes maisons de la Flandre wallonne, Jean des Wastines, signalé comme « ladre et tout » pauvre.

Le Téméraire avait, bien entendu, mis la main sur les biens des sujets fidèles à leur roi, afin d'en toucher au moins les revenus, puisque l'odieuse confiscation était repoussée par la coutume de la

Flandre wallonne et il avait donné au seigneur d'Humbercourt (Guy de Brimeu, chevalier de la toison d'or, décapité par les Gantois en 1477) les fiefs qu'Estout d'Estouteville, chevalier, tenait à cause de Bonne d'Herbaumez, sa femme (1). Philippe de Carnin, chevalier, avait eu en don, pour la même cause, le fief de Guillaume Rat.

La troisième pièce se rapporte à la terrible campagne de Lorraine où allait périr le Téméraire ; elle concerne l'ensemble de la Flandre wallonne. Les exigences s'étant multipliées avec les revers, un supplément de service fut imposé aux nobles fieffés, pour former la bande du souverain bailli de Flandre, Josse de Lalaing, chevalier, qui la conduisit en Lorraine. Comme il fallait en même temps renforcer les garnisons des places fortes échelonnées le long de la frontière de France, une ordonnance du duc mit encore à la charge des nobles fieffés des trois châtellenies l'envoi de deux cents archers pour la garnison de Saint-Quentin. Les gentilshommes ayant fait la sourde oreille, le gouverneur de la province transporta cette nouvelle charge sur tous les fieffés, nobles ou non nobles et conduisit lui-même à Saint-Quentin ce qu'il avait pu « habiller » d'archers « hastivement », afin que cette ville « ne demourast impourveue » D'autres garnisons occupaient le duché de Gueldre, récemment conquis et dont le souverain

---

(1) Elle est nommée « de Herbannes », par une faute de lecture, dans le P. Anselme, VIII, 98. Elle possédait notamment le fief des Prévôtés, mouvant de la salle de Lille.

dépossédé, Adolf d'Egmont, était retenu en Flandre, tandis que ses enfants étaient gardés à Béthune.

A l'égard des exemptions, la duchesse entendait que, malgré les exigences du temps, les gens de son hôtel fussent affranchis de tout service.

D'autre part, les commissaires déployaient la plus grande rigueur : témoin le cas du seigneur de Quesnoy sur Deûle, Jean d'Ongnies, qui avait servi à ses dépens au pays de Gueldre, en Bourgogne et devant Neuss, ayant, à l'issue du siège, eu le malheur de tomber aux mains des Allemands, qui le maltraitèrent et le rançonnèrent ; enfin, revenu malade, il avait trouvé sa terre mise en vente par des créanciers. Quoiqu'il offrît de recommencer à servir son prince en personne, « au cas qu'il puist recouvrer finance pour soi monter et habiller », priant les commissaires de, « en ce et en ses affaires », l'avoir pour recommandé », on le traita en réfractaire.

Enfin le numéro IV est relatif au commencement du règne de Maximilien d'Autriche, sous lequel les procédés sont moins rudes à l'égard des fieffés, malgré les dangers du moment.

Au mois de février 1481 (nouveau style), on appréhendait un siège pour Douai ou pour Lille, à cause de quoi, le duc d'Autriche ordonnait au gouverneur de la province d'armer tous ses « subgets en général », même les paysans « défensables », de dix-huit à soixante ans et de les tenir prêts à marcher en masse, « au son de cloche ». Des fieffés il réclamait à l'avance la déclaration d'une sorte de service volontaire: appel auquel il ne semble point avoir été répondu avec beaucoup d'élan, petits et grands s'excusant à qui mieux mieux sur les maux que leur avaient causés quatre années d'une guerre impitoyable.

Au nombre de ceux qui s'excusent plus ou moins complètement, nous remarquons : le seigneur d'Avelin, chargé de « garder la place de Lalaing » trois hommes d'armes de la bande du seigneur de Fiennes, savoir : le seigneur de Beaumanoir (1), Jean d'Estaimbourg, chevalier et Jean de La Broye, écuyer ; enfin Jacques de Croix, écuyer, qui en 1479 avait été prisonnier en France.

A ces quatre documents remplis de renseignements sur l'ancienne noblesse wallonne, nous avons ajouté une table des noms de famille et de seigneurie

I.

LISTE DE CENT TRENTE-SEPT FIEFFÉS DE LA SALLE DE LILLE.

1470.

S'ensuivent les Noms et Sournoms des hommes de fief de la salle de Lille.

Monsr de Saint Pol, chastellain de Lille.
Monsr le seneschal de Haynnau: le fief de Chisoing, le fief de Pernes, le fief de Le Reyere.

---

(1) Probablement Philippe de Carnin, chevalier. — Voir Goethals, *Archéologie des familles*, Bruxelles, 1867, in-4, p. 66.

Mons' de Waurin : le fief de Waurin, le fief de Waziers.

Mons' de Commines : le fief de Commines.

Mons' de Warennes : le fief de Lambersart, le fief de Mouueaux.

Mons' de Fiesnes : le fief d'Erquinghehem sur le Lys, le fief de Raisse et de Saint Simon, le fief de elenghehem, le fief de Radinghehem, nommé le Sef de Le Planche.

Mons' de Fourmelles : le fief de Gamans.

Vinchant du Chastel : le fief des Mottes et de Foucquissart.

Mons' de Hem : le fief de Lomme, le fief de Campinghehem, le fief des Aubeaux, le fief de Le Riue.

Messire *Anthoine de Werquigneul* : le fief de Beauffremez, le fief du Vies Cleuquemeure.

Mons' de Rebecque : le fief du Vies Bies [*effacé* : ung fief seant à Armentieres].

Mons' de Crieueceur, à cause de sa femme : le fief du Maisnil.

Charles de Poucques, à cause de sa femme : le fief de Houpplines.

Herué de Meliadet (1) : le fief du Chastel et le fief du Bos, rencorporé.

Mons' de Molimont : le fief de Molimont.

Jacques Gommer : le fief de Paulo.

Maistre *Jehan de Carnin* : le fief de Mucenbus.

---

(1) Mériadec, venu de Bretagne en Flandre, grand écuyer d'écurie de Philippe le Bon, compagnon du Bon Chevalier Jacques de Lalaing, un des conteurs des *Cent Nouvelles nouvelles.*

Maistre *Guillaume Dommessent:* le fief de Buurecques.

Grard du Mez dit *dAnstain*, à cause de sa femme : le fief de Durmont.

Le prioré à Houpplines.

Robert du Bos : iij petis fiefz.

Mons{{r}} de Croix : le fief de Croix, le fief du Fresnoit, le fief de Le Hongrie.

Jehan de Romont : le fief de Le Caulerie.

Les hoirs *Jehennin des Prez.*

Piere Le Preudomme.

Le vesue *Jacque Marquant.*

Mons{{r}} du Bos : le fief de Noielle, le fief du Maresquel.

Les hoirs *Jacques du Bacq.*

Les hoirs *Jehan dEsquaubecque* : le fief de Le Fresnoye.

Germain Picauct.

Mons{{r}} du Forestel (1), à cause de sa femme : le fief du Bos le Meul.

Jehan Gantois : le fief des Saisines, le fief de le Haye.

La vesue *Betremieu Regnier.*

Betremieu Hangouurt.

Grard de Cuinghien.

Wiłaume Wastepaste.

Anthoine Tenremonde.

Jehan du Bos.

---

(1) Jean, bâtard de Wavrin, le chroniqueur. Voir *Une Vieille généalogie de la maison de Wavrin*. Douai, 1877, in-8, p. 41.

Gille Guiselin, à cause de sa femme : le fief de Rume.

Gauthier de Croix : le Petit Wasqual.

Messire *Jehan de Le Zieppe*.

Jacques de Landas, à cause de sa femme.

George Vrediere : le fief de Le Fontaine, ledit, à Bondues, ledit, le fief du Gorgehel.

Lucq [effacé : *Pilippe*] *de Hem*.

Martin Denis.

Jacques Prouuost : le fief de Le Cousinuerie.

Jehan de Le Haye : le fief du Vies Bus.

Le fille *Jacques Gommer* : le fief de Le Riue.

Grardin de Herbaumez : le fief d'Espaing.

Mons' de Licques : le fief des Seneschaulx.

Mons' de Hames : le fief de Bondues, le fief de Le Vingne.

Messire *Gillain du Chisne*.

Messire *Guy de Malfuison*.

Mons' de Halluin : le fief des Preuostez, le fief de Caples, le fief des Poutrains.

Lospital Saint Sauueur de Lille.

Allard Le Preudomme : le mairie d'Anappes.

— *Allard de Le Vingne* : le fief de Le Motte.

Maistre *Gilles Patin*.

Warin de Wignacourt : le fief des Escalus.

Mons' de Morbecque : le fief de Buoy.

Jacques Ruiel : le fief de Le Court.

Bertran de Le Barre : le fief de Le Beque.

Mons' *Jehan de Heulles* : le fief du Verbos.

Maistre *Thomas Malet* : le fief d'Anstaing, le fief

de Le Haulte Anglée, le fief des Wascalus, le fief de Madringebem.

Monsr de Roubaix : le fief de Roubaix, ledit, audit Roubaix, ledit, à Anechin.

Monsr de Rabodenghes : le fief de Grumarès.

Monsr d'Estaimbourg : le fief d'Estaimbourg, le fief de Bailleul.

Pierre Gommer.

Jehenne de Lanstais.

Phlippot de Pont Reuwaut.

Les hoirs *Hues d'Ablain.*

Jaquemart Flameng.

Messire *Jehan Hersent.*

Messire *Jacques de Rebreuues*, à cause de sa femme : le fief de Rocque.

Jacques de Biaucarne.

Les hoirs *Pierre Lambert* : le fief d'Ennequin.

Jehan de Grant Rain : le fief d'Esgremond.

Jehan Thieulaine : le fief d'Esquermes.

Jehan du Bosquiel : le fief des Rossiers.

Maistre *Allard de La Porte* : le fief de Le Quieze, le fief de Le Baille.

Marguerite d'Obecicourt : le fief du Chasteler.

Allard de La Porte.

Les hoirs Monsr le visconte de Fournes : le fief de Potes.

Monsr de Nemours : le fief de Velaines.

Loys de Mortaigne.

Jehennin de Venduille.

Grard de Le Houardrie : le fief de Caurines, le fief de Langlée.

Jehan de Leaucourt : le fief de Quesnoit.

AUTRES FIEFZ non escrips au liure des rappors.

Messire *Estout d'Estouteuille*, à cause de sa femme : le fief des Preuostés.

Les hoirs *Jacques Fourlignict*, à Wrelenghehem.

Jehan Le Preudomme : le fief du Bos et le fief des Prez.

Lesquelz deux fiefs sont bailliés par escript et ne les fault que seller.

Henry Tenremonde : de iij fiefz, pareillement.

Philippe Frumault : de deux fiefz.

Anthonne de Laitre : le fief des Tombes.

Charlot de Lattre : le fief de Le Salle.

Messire *Lyon de Barbenchon* : le fief d'Auelin.

Ledit *Jehan Thieulaine* : le fief du Coquelet.

La fille de Mons' de Cohem : le fief de Wasquehal.

Madame de Roubaix : le fief du Breucq.

Mons' *Jaques de Saint Pol*, à cause de sa femme : le principal fief de Wasquehal.

Messire *Mahieu de Lannais* : le fief de Pettrieux.

Jehan Pillefour, à cause de sa femme : le fief de Le Vacquerie, contenant viij bonniers, chergié à *Jehon Gantois* de l liures de rente heritable. Par quoy, etc.

[*Total des fiefs :*] vj^{xx}xvij.

> Archives départ., chambre des comptes de Lille, portef. Flandre 77, ancien D 397. — Petit cahier oblong, de 6 ff. dont 10 pages seulement sont écrites, avec cette addition au dos : « Les noms des fiefz en la chastellenie de Lille » et celle-ci en tête : « Enuoyé en la Chambre par le bailli de Lille, le xij° de novembre anno lxx ».

II

PRISÉE DE PLUSIEURS FIEFS

et arrière-fiefs de la salle de Lille,
pour asseoir la taxe du sixième denier (1)
de leur revenu,
à la charge des fieffés et arrière-fieffés
qui ne serviraient ni en personne,
ni par remplaçant (2).
1475.

EXTRAIT DES FIEFZ ET ARRIERE FIEFZ tenus de le salle de Lille, extimés à seruice darmes, les aucuns, selon lordonnance sur ce faite, assauoir : les fiefz de ij ᶜ escus en valleur par an, à ung homme darme, de xl escus, ung homme de cheual, de xvj escus ou enuiron, à ung homme de piet. Lesquelz fiefuez lon poura traitier à argent, pour ceste année seulement, au vj ᵉ denier de la valleur diceulx *et cetera*, comme il sensuit.

Premiers. Le fief du Chastelain, estant en la main de Monsʳ le duc, par faulte dobeissance *et cetera*. Yey : *Nichil.*

---

(1) Soit : 16,66 %.
(2) Nous ne publions qu'un extrait de cette longue liste, dans laquelle nous avons fait un choix, en nous attachant aux familles ayant quelque notoriété et en prenant tous les fiefs nommés, ceux-ci malheureusement en fort petit nombre.

Fiefz qui en sont tenus (1).

Bauduin de Croix, pour le fief de Le Motte, gisant à Lesquin, extimé valoir la somme de cviij livres de xx gros. Cest pour le vj⁰ denier : xviij livres. — Ledit *Bauduin* est noble et a esté tousjours en personne au seruice de Monseigneur et jusques quil a eu congié par maladie. Et a remonstré quil a esté condempné, pour sa rainchon de sa prise à Eu, à la somme de ix⁰ escus et les despens, aussi quil a, puis nagaires, eu ung molin brulé, taxé en la valleur de ses fiefz. Et a offert, aiant à ce regard, le vj⁰ denier : à quoy, attendu sa noblesse, il na esté receu, jusques sur ce soit prins aduis *et cetera*.

Jehan de Herignies, pour son fief audit Herignies, extimé vj^{xx} xvj livres. Monte : xxij livres vij sols. Noble et a perdu ung son filz deuant Nuysse et en a ung à present avec Monsr de Neufuille, lequel est soubz Monsr de Romont. — Il fait seruir *Anthoine*, son filz, en estat domme darme soubz Monsr de Neufuille, comme par la certiffication dudit seigneur peult apparoir.

Monsr du Bois, ung fief de x bonniers, en valleur de iiij^{xx} livres. — Noble. Il ne sert, ne fait seruir dont il appere.

(1) Quoiqu'il n'y ait pas, dans la suite du registre, de séparation pour distinguer les fiefs tenus du châtelain de Lille (qui était alors le trop fameux connétable de Saint-Pol) et ceux qui mouvaient directement de la Salle, une partie seulement des fiefs qui vont suivre mouvaient de la châtellenie.
Nous avons essayé de marquer plus loin cette séparation.

Phlipe Fremault, ung fief de ix bonniers x cens, extimé xlviij livres : viij livres.—Il sert selon le tauxse, par certification desdits commissaires.

Maistre *Jaques Thieulaine*, ung fief à Lomme de xxxvj livres : vj livres.— Secretaire de Monseigneur.

Messire *Thomas Mailet*, ung fief quy fut à *Jehans le Hus*, extimé iiij ᵡˣvj livres: xvj livres.— Il fait seruir par *Anthoine de Berlettes*, son filz, de xviij combatans, assavoir : de vj deuers Monseigneur et de xij, par certiffication du bailli.

Messire *Jehan de Noyelle*, ung fief à Torcoing, extimé iiij ˣˣ livres : xiiij livres.— Noble et nappert point de son seruice.

Les hoirs messire *Simon de Formelles*, le fief de Le Bocque, en rentes, extimé à xxiiij livres : iiij livres.

Grard du Mes, ung fief à Vrelengbebem, extimé xxviij livres.—Noble et fait seruir ung de ses filz soubz Monsʳ de Contay.—Il fait seruir par lun de ses filz, par certiffication de Monsʳ de Miraumont.

Arthus Fremault, ung fief extimé lxiiij livres. *Jennet*, filz dudit feu *Arthus*. Il a esté continuelement ou seruice de Monseigneur et est de present prisonnier aux Frauchois.

Les hoirs messire *Anthoine de Raisse*, ung fief à Esquermes, extimé ij ᶜv livres.— Nobles et seruent selon le tauxse, par certification des commissaires.

Messire *Pierre de Raisse*, ung fief de vj ˣˣ livres : xx livres. -- Seruice. Lon dist quil est en garnison Abeuille.

Katerine de Langlée, femme *Pierre de Rabecque*, ung fief à Meurchin, extimé xlij livres : vij livres. C'st à *Guillebert de Tenremonde*, à cause de sa femme. — Le fief appartient à *Guillebert de Tenremonde*, lequel est pennetier de madame la ducesse et nappert autrement de son seruice.

Grard du Mes dit *dAnstaing*, ung fief tenu de ladite *Caterine*, xxij livres ou xxiiij livres : iiij livres. Noble et fait seruir son filz soubz Monsr de Contay, comme dessus.

Ledit Monsr du Bois, le fief de Le Malletotte, extimé ij^cxxviij livres : xxxviij livres. — Comme dessus.

Jehan dAssignies, ung fief à Tourmignies, extimé xxvj livres. — Noble. Il nappert de son seruice. — Il est trespassé soubz Monsr dAuelin, lui estant en garnison à Menaghe, où il seruoit en estat domme darmes.

Monsr de Cohem, le fief de Marquillies (1) extimé v^cxvj livres lan. Monte, atout les charges qui se purgeront sur ceulx qui les occupent : iiij^{xx}vj livres. Seruice.

Dame *Bonne de Herbaumez*, ung fief audit lieu, extimé viij^{xx} vj livres. — Elle est franchoise et soit sceu que loccupe Humbercourt.

Monsr de Fourmelles, ung fief nommé Viconneries, extimé xxx livres : c sols. — Noble et fait seruir selon le taux, par certifflcation desdits commissaires.

Maistre *Nicaise Vregelo*, le fief de Le Platerie,

---

(1) Terre à clocher mouvant de la châtellenie et mélistement de la Salle.

extimé xxviij livres. — Il ne vault que xvj livres par an. Pour ce : Neant.

Jehan d'Astices, le fief d'Astices (1), extimé cviij livres : . . . . xviij livres.

M° *Jehan d'Abbelaing*, le fief de Burgault à Seclin, extimé xxxix livres : . . . . vj livres x sols.

Le vesue *Grigore Doresmieulx*, ung fief de liiij livres : ix livres. — Elle fait seruir, comme il appert par certification de Mons' d'Auelin, pour ce fief et j aultre cy apres à son filz cy apres.

Charles Chucquet, ung fief de cviij livres : xviij livres. — Il sert en personne et a esté fait cheualier deuant Nuysse.

Guy du Peaige, ung fief extimé xlvj livres : vij livres xij sols. — C'est à *Phlippot Dommessent*.

Jaspart de Primecque, un fief de xxx livres. C'est la seignourie de Sequedin (2) qui se comprent en rentes justicables : c sols.

Pierre de Rabecque, ung fief à Lesquin, extimé à xlviij livres : viij livres. — Noble.

Mons' d'Estrées, ung fief, extimé, chascun an, viij**xvj livres. — Seruice.

Ledit seigneur d'Estrées, ung aultre fief, de lxxvj livres.

Mons' d'Antreulles, ung fief de iiij**iiij livres : xiiij livres. — Seruice.

---

(1) La Pairie d'Attiches, tenue du châtelain de Lille.
(2) Terre à clocher, mouvant de la châtellenie.
C'est vers cet endroit du registre que doit finir la série des fiefs de la châtellenie, arrière-fiefs de la Salle.

Jehan de Bertrangle, ung fief de xxxviij livres. Noble et a esté son filz deuant Nuysse.

Jehan du Bois dit *Bosquet*, ung fief de iiij^{xx} livres. Il a gardé du chastiel d'Escaudeuure, en frontiere.

Messire *Jaques de Gouy*, chevalier, S^r d'Auby, ung fief de ij^{c}lxvj livres.

Monsr de Longastre, ung fief de iiij^{xx} xij livres. Seruice.

Ledit seigneur, ung fief de xxxiiij livres.

Messire *Bauduin de Lannoy* dit *le Besghe*, deux fiefz de lxxix livres. — Seruice.

Jehan de Ruymont le pere, ung fief de l livres : viij livres vj sols viij deniers. — Il est demouré deuant Nuysse. *Jaques*, son frere, heritier. Noble.

Monsr de Humbercourt, ung fief de iiij^{xx} xij livres. Seruice.

Monsr de Morbecque, ung fief de iiij^{xx} livres. Seruice.

Nicolas de Hermauille, ung fief de xxxij livres : cvj sols viij deniers. — Il fait seruir son frere continuelement en homme darme.

Ledit *Nicolas*, ung aultre fief de lxij livres.

Maillart du Bacq, ung fief extimé à xl livres. — Seruice. Preuost des marechaulx.

Jaque Vregelo, ung fief de xlij livres : vij livres. Noble.

Monsr de Marle, ung fief de xl livres — Seruice.

Charles de Lattre, ung fief à xxx livres : c sols (1)

---

(1) Nous cessons de donner le chiffre de la taxe, qui est du sixième denier de la valeur du fief—et de répéter les mots : « ung fief de » et « livres ». Les chiffres donnés sont ceux du revenu en livres.

Seruice, par certiflication que dessus, par laquelle lui et son frere *Anthoine* ont liuré xj combatans à piet.

Messire *Anthoine de Herin*, chevalier, ung fief de ix^{xx} xiiij livres. — Seruice.

Jehan Tachon, vij^{xx} ij. — Seruice. Ledit *Jehan* est de lostel de Monsr de Hames et auec lui au seruice de Monseigueur.

Giles Ghizelin, ung fief de xl livres. — Il sert en personne soubz Monsr le comte de Chimay.

Jaques Regnier, escuier, ij^c xl. — Il a ung son filz de lordonnance de Monseigneur, en estat dhomme darme.

Jehan de Herbaumez, lxxviij. — Noble. *Jehennet* et *Gherardin*, ses enffans, sont continuelement ou seruice de Monseigneur, hommes darmes.

George de Rosimbos, ung fief extimé vij^{xx} livres. Seruice. Cappitaine des archiers de Monseigneur

Jaques Vregelo, xxxvij. — Noble.

Messire *Ghillain du Chine*, vj^{xx}. — Seruice.

Demoiselle *Jehenne du Gardin*, vij^{xx} xij. — Ladite demoiselle fait seruice de v combatans à piet, comme il appert par certiflication de *Fedrich de Hornes*, seigneur de Montigny.

Les hoirs *Phlippe dAllennes*, ung fief de xl livres.

Messire *Jehan de Saint Pierre Mesnil*, seigneur de Fretin, lxxv. — Il est anchien seigneur et est Monsr dAudeuille, son filz, continuellement ou seruice de Monseigneur.

Phlippe Le Monnoyer, lxxviij. C'est le fief du Bihamié, gisant à Wanebrechies. — Noble. Ledit *Phlippe* est eagié de lx ans ou enuiron et ne seruy oncques en personne, pour ce quil est de tendre complection et, à ceste cause, a tousjours fait seruir et encores est prest faire seruir selon le taxe, combien que il se dist estre trop taxé.

Les hoirs *Jehan de Seclin*, un fief de xlviij livres. — Cest à *Climent Le Roy*, sodoier du chastiel de Lille. — Ledit *Climent* dist que son fief ne vault que xxxvj livres par an et si dist que les sodoyers du chastiel de Lille sont quictes et exemps, eulx et leurs biens, de tous services, à cause de la garde dudit chastiel où journelement ilz seruent Monseigneur et, atendu ce, requiert demourer quicte. Veu ce que dit est, aultrement ny a esté ne plus auant besongné, sans auoir sur ce aduis.

Monsr de Licques, cij. — Seruice.

Dame *Anthoine d'Ainchy*, vj^{xx} iiij. — Noble et fait seruir selon le taxe, par certiffication diceulx commissaires.

Monsr de Lannoy, xxxij. — Seruice.

Messire *Estoul dEstouteuille*, que tient Monsr de Humbercourt, par don de Monseigneur, en valleur, chascun an, de lxij livres.

Monsr de Berlettes, xxxv. — Seruice que dessus

Henry de Tenremonde, viij^{xx}xij. — Noble. Il a fait deuoir, deuant les commissaires, de trois hommes seulement et est taxé, pour cest fief et aultres cy apres, à xiiij à piet et à cheual.

Phlippe de Hem, un fief, xxxiiij livres. — Noble et

est ou seruice de Monseigneur, soubz Mons' de Lannoy, à Arras.

Sire *Walleran Preuost*, pbre, un fief de xxxj livres. — Il a *Loys*, son filz, continuelement ou seruice de Monseigneur, soubz Mons' de Humbercourt.

Henry de Tenremonde, ung aultre fief de cij livres. Soit veu cy deuant son seruice.

Messire *Jehan de Rosimbos*, xxxix. — Seruice.

Messire *Quentin de Bercus*, ij^clx. — Noble.

Ledit Sr *de Bercus*, ung aultre fief de xxxvij livres.

Messire *Juques du Vinaige*, viij^{xx}. — Noble.

Monsr d'Auelin, xxxviij. — Noble et fait seruice.

Les hoirs *Morlet d'Allennes*, liij. — Noble.

Phlippe Fremault, xlij. — Il fait seruir comme dessus.

Maistre *Jehan de Carnin*, deux fiefz de lxvj livres. — Noble.

Mademoiselle *Jehenne des Pres*, ung fief de iiij^{xx} iiij livres. — Noble et a son filz, *Anthoine de Hoccron*, homme d'arme ou seruice de Monseigneur.

Robert du Bois, lxvj. — Noble.

Messire *Jehan*, Sr de Neufuille, vj^cxx. — Seruice.

Jehan Le Monnoyer, ung fief extimé à xlij livres. Noble. Ledit *Le Monnoier* se dist estre affollé d'un brach, à ceste cause requist demourer quicte dudit seruice, en furnissant le taxe de vj combatans à pyé, pour iiij fielz.

Messire *Phlippe de Lannoy*, ij^c. — Seruice.

Jehan de Quielencq, viij^{xx}. — C'est à *Morlet de Saueuse*. Noble.

Guillame de Le Fontaine, un fief de xxx livres. — Cest le seignourie de Bourghelle (1). — Noble.

Demoiselle *Ysabiel Blondiel*, vj^c. Cest le fief de Jenech (2). — Noble. Son filz *Nicolas* est de lostel de Monseigneur.

Messire *Grard de Cuinghien*, iij^c livres. — Il a serui selon le tauxe, par certiffication desdits commissaires.

Bertran de Le Barre, lxxviij. Ce fief est nommé Waziers et contient xiij bonniers de terre, dont on a par an lviij livres. Par ainsi a esté le taxe moderé à x livres. — Noble.

Messire *Jehan*, Sr de Lannoy, iiij^c à v^c livres. — Seruice prins à iiij^c lx livres.

Bertran de Le Barre, iiij^{xx}. Cest le fief de Orifontaine, tenu du Broech et gist à Fiue.

Messire *Pierre de Lannoy*, xl. — Seruice.

Anthoine de Lannoy, ij^{c}xxiiij. — Noble.

Ledit *Anthoine*, ung aultre fief de iiij^{xx} livres.

Grard de Lannoy, c livres. — Noble.

Messire *Pierre de Lannoy*, ung fief de xlviij livres. Noble. Seruice.

Monsr de Licques, xlij. — Noble.

La vesue de Monsr de Relenghes, ij^c iiij.

Monsr de Herin, lxvj. — Noble. Seruice.

Phlippe de Hem, vij^{xx} xiiij — Noble. Il sert en personne, par certiffcation de Monsr de Lannoy.

Messire *Piere de Meraulmont*, cj. — Seruice.

Messire *Anthoine de Rosimbos*, iij^c. — Seruice.

---

(1) Terre à clocher, mouvant de Cysoing.
(2) Genech, id.

Monsr de Berlettes, un fief de iiij^{xx} xij livres. — Seruice.

Messire *Jehan de Licques* dit *de Roicourt*, xxix. Seruice.

Charles de Lattre, escuier, iiij^{xx} xij. — Seruice.

Jehan d'Allennes, ung fief de c livres. — Il est compté par les escroes en lostel de madame la ducesse.

Estienne Preudomme, xl. — *Jennet*, son filz, est en garnison à Chimay.

Miquiel de Le Hameidde, ij^c xxxij. — Noble. Il fait seruir par son filz, monté à deux cheuaulx, soubz Monsr de Bours.

Gossuin de Lannoy, xxxij. — Noble.

Messire *Wit de Le Zieppe*, ij^{c}xx. — Noble.

Loys de Meurchin, ij^{c}xxvj. — Seruice. Essanson de Monseigneur.

Messire *Jaques dOlehaing*, chevalier, vij^{xx}xiiij. Noble.

Jaqueline de Moy, dame de Chisoing, iiij^{xx}xvij. — Noble.

Messire *Jehan*, seigneur de Commines, xviij^{c}xxij.

Weulfart, seigneur de Holbecque, cxiiij livres. Noble. Il fait seruir *Furtasse*, son filz, en estat de homme darme, soubz Monsr de Rauestain.

Messire *Waleran*, seigneur de Laudas, ung fief de ciiij. — Noble. Seruice.

Madame *Jehenne de Croix*, dame de Cuuillers, iiij^{xx}xij. — Seruice par certification desdits commissaires.

Godeffroy dEscornés, cxj. — Noble.

Dame *Jossine Stieuland* dit *le Bruille*, vesue de feu *Jehan*, Sr de Morbecque, un fief de lxxviij livres. —Noble.

Messire *Lion de Barbenchon*, xlix. — Seruice.

Jehan de Werquingneul, iiij^xx x. C'est à demoiselle *Angnies de Quielencq*.—Noble. Il est demouré deuant Nusse.

La vesue de messire *Estienne de Nouuelle*, viij^xx xviij livres. — Noble. Elle fait seruir par messire *Estienne*, son filz, soubz Monsr de Fiesnes et par certiffication dicelluy S^r.

Marie Thieulaine, lij livres v sols. — Elle a espousé *Jehan de Has*, qui sert en personne.

Madame d'Estrées, cx. — Noble.

Messire *Walleran*, Sr de Wauraing, xviij^e xliij. Seruice.

Colart Le Gillon, lxij.— Il est apparu, par certiffication de messire *Jaques de Luxembourg*, faite en juing lxxv, quil a liuré *Gherardin Preuost*, monté en estat darchier, en sa compaignie.

Messire *Jehan de Roubempré*, lvj.— Seruice.

Messire *Philippe de Lannoy*, c iiij. — Seruice.

Monsr de Bruay, iiij^xx vj. — Seruice.

Anthoine de Hoccron, cxj. — Noble et est homme darme ou seruice de Monseigneur.

Jehan de Marchenelle, lxxvj livres. — Noble. Ledit *Jehan* dist quil a eu, par cy deuant, une jambe brixée par deux fois et, lui estant deuant Nuisse, a esté tellement reffroidié, quil ne se poeult aidier de ladite jambe. Neantmoins offry faire seruice de iij combatans à pyé : à quoy il a esté taxé, tant pour ses fiefs, que pour ceulx qui lui sont succedés par le trespas de sondit frere.

Monsʳ de Montsorel, un fief de xlviij livres. — Seruice.

Jehan de Hingettes, seigneur de Fretin, lxiiij. Seruice.

Monsʳ de Perenchies, xxxix. — Noble.

Messire *Anthoine de Werquingneul*, xxx. — Noble. Il fait seruir de x archiers, par certiffication de Monsʳ d'Auelin et soubz luy.

Guillame Rat, vij ˣˣ vj. — Le fief, par mandement de Monseigneur, donné à messire *Phlippe de Carnin*.

Monsʳ de Fiennes, ung fief de ciiij livres. — Seruice.

Maistre *Clarembault Couronné*, lxx. — Anobli.

Jehan de Lens, xxxj. — Noble.

Jaques de Ghistelle, ij ᶜ iiij ˣˣ xij. — Noble.

Robert du Bois, xlix. — Noble.

Jehan de Le Tramerie, lxviij. — Noble.

Monsʳ de Roubaix, vj ᶜ xxx. — Seruice.

Messire *Jehan*, seigneur de Hem, iiijᶜ l. — Noble. Il fait seruir par son fils bastard en estat domme darme et xij archiers à piet, par certiffication de Monsʳ de Crieuecœur.

Pierre de Croix, ung fief de ijᶜlx livres. — Il est deuers Monseigneur, en estat domme darmes.

Monsʳ de Sautes, xxxix. — Seruice.

George de Bruges, xxxj. — Il est à Arras, soubz Monsʳ de Lannoy.

Jehan des Wastines, xlviij. — Ladre et tout poure.

Jehan de Le Vingne, un fief de lxvj livres. — Noble. *Jaques de Hem*, escuier, à cause de sa espeuse, pour ledit.

Jehan d'Oingnies, ix^cxxx. — Seruice.

Anthoine de Lannoy, vij^{xx}xiiij. — Il est deuers Monseigneur.

Monsr de Hem, xxxiiij. — Seruice.

Jehan de Guignies, ciiij. — Il a deux ses enffans hommes darmes deuers Monseigneur, par certiffication du marissal de lost.

Monsr de Caumesnil, lxviij. — Noble. Il nappert daucun seruice.

Monsr de Licques, l — Il est à Abeuille.

Messire *Robert de Raussicourt*, ung fief de iij^c xiiij^{xx} vj livres. — Il est en personne en la compaignie de Monsr de Contay.

Le seigneur de Bauffremés, lxv. — Noble. Il sert.

Monsr de Rabodenghes, xxxij. — Noble.

Messire *Mathieu de Lonneis*, iij^c lxvij. — Noble. Il nappert point quil fait seruice.

Monsr de Berlettes, ij^c lxxiiij. — Seruice.

Sanse de Vandegies, lxx. — Noble.

Monsr de Humbercourt, ij^c iiij^{xx} iiij. — Seruice.

Grard de Le Houardrie, viij^{xx} xvj. — Seruice.

Jehan de Cuinghem, c livres. — Noble.

Guillame de Staule, viij^{xx}. — Noble.

Messire *Jaques de Rebreues*, ij^c iiij. — Seruice.

Luc de Hem, lxv. — Ledit *Luc* est homme pesant, de l ans ou enuiron et na point accoustumé de seruir. A ceste cause, requist furnir le taxe pour ce fief et j aultre cy apres, de vj combatans à pyet, combien quil est taxé à sept, par auoir mis trop grant valleur.

Messire *Simon de Landas*, un fief de vj^{xx} viij livres. — Seruice.

Philippe dAllennes, lviij. — Noble.

Jehan de Le Hamedde, iij^c xl. — Noble. Ledit *Jehan* est eagié de lxx ans. A ceste cause, excusé dudit seruice, pour ce quil a promis faire seruir selon son taxe de ix combatans à piet.

Grard de Iloccron, xlix. — Noble.

Wyt de Le Zieppe, seigneur de Dentreghem, xxxix. Cest le fief de Waziers. — Noble.

Messire *Mille de Bourbon*, chevalier, ij^c lxxij. — Seruice.

Madame le vidamesse, iij^c xl. — Noble.

Simon de Quingey et *Guillame de Ternay*, vj^c x. Seruice.

La vesue de feu *Jehan de Loccron*, xl. — *Anthoine*, son filz est en larmée de Monseigneur.

Baudechon dGingnies, xxxij. — Noble.

Demoiselle *Margherite Vreliere*, vj^{xx} — Anoblie. Par certiffication desdits commissaires, a liuré iij combatans à pyé.

Bauduin de Bailleul, xxxij livres. — Il fait seruir par *Willot*, son frere inlegitime, soubz *Jaques Domarien*, en larmée que Monseigneur a en Bourgogne.

Messire *Lyon de Barbenchon*, v^c xl. — Seruice.

Jehan le Boucq, xlv. — Noble.

Les hoirs *Robert Artu*, xxx. — Ce fief appartient à

Jehan de Herbaumes, à cause de mademoiselle sespeuse.

Demoiselle *Ysabiel de Barbenchon*, un fief de iiij^{xx} livres. — Noble.

Dame *Beatrix de Barbenchon*, vj^{xx}. — Seruice. Cest à Monsr d'Auelin.

Jehenne Cathelois, xxxiij. — Ses deux filz seruent en estat dommes darmes, par certiffication de *Guillaume de Ternay* (1).

Messire *Jehan*, Sr de Lannoy, ix^{xx}. — Seruice.

Les hoirs Monsr de Halluin, v^c liiij. — Seruice.

Grard de Wailly, x. — Noble.

Gilles Ghizelin, xlviij. — Il sert en personne.

Messire *Ghilain du Chinne*, iiij^{xx}v. — Noble. Il fait seruir par *Josse Braon* en estat de homme darmes, par certiffication de Monsr de Brimeu.

Messire *Phlippe de Lannoy*, vj^c xx livres. — Seruice.

Anthoine de Berlettes, xlviij. — Cest à *Katherinne Destailleurs*, fille de feu *Jehan*, femme dudit *Anthoine*. Le fief est nommé le Mairie de Sanctes. Payé viij livres.

Le bastard de Naux, xxxvj. — Noble.

Monsr de Bieures, vj^c iiij^{xx} x. — Seruice.

Monsr de Croisilles, vj^c l. — Seruice.

Demoiselle *Claude de Rosimbos*, iiij^{xx} viij. — Noble.

Monsr de Palme, vj^c. — Seruice.

Monsr de Lixteruelde, ij^c xl. — Noble.

Les hoirs de Monsr de Halluin, iiij^{xx}. — Seruice.

---

(1) En mars 1470 (n. st.), il était déjà commissaire des « monstres » ou revues. — Archives municip. de Douai, EE 7.

Jaques de Croix, un fief de ij^c livres. — Seruice.

Colart de Cuinghem, xxx. — Noble.

Le seigneur d'Estaimbourg, xliiij. — Seruice.

Le seigneur d'Estrées, xlviij. — Seruice. Il est panetier de Monseigneur, comme par certiffication peult apparoir.

Le seigneur de Le Houardrie, iij^c xij. — Seruice.

Pierre Le Musy, iiij^{xx} xviij. — Par certiffication de Monsr *Fedricq de Hornes*, il fait seruir dun homme darmes nommé *Jehan de Lannoy*.

Simon de Saint Jenois, xxxvj livres. — Ce fief appartient à *Nicolas de Saint Jenois* et est nommé le fief d'Englemares, gisant à Templeuue en Dossemer. Payé : vj livres.

Jehan Le Tailleur, filz Jehan, lvj.

Monsr de Roqueinghien, liiij. — Noble. Il fait seruir.

Estienne Preudomme, lxv. — *Jennet Le Preudomme* sert en personne pour ledit *Estienne*, son pere.

Demoiselle *Jehenne du Gardin*, xlij. — Par certiffication de Monsr de Montigny en Ostreuant, fait seruir de v archers à pyet.

Monsr de Carency, m livres. — Seruice.

Messire *Anthoine de Herin*, lxx. — Seruice.

Maistre *Guerard de La Croix*, xlviij. — Cest le fief de Le Planque, à Nammaing.

Hues de Tortequesne, xxxij.

Monsr de Roubaix, ij^cxl. — Seruice.

Messire *Jaques de Luxembourg*, iij^c. — Seruice.

Grard Thieulaine, iiij^{xx} xiij livres. — C'est le fief du Rosier, gisant à La Magdelaine et Fiue Payé. xv livres x sols.

Jehan de Lannoy, filz *Guerard*, un fief de c livres. — Noble.

Madame du Peaige, ij⁰ xij. — Noble.

Anthoine de Vilers, iiij×× viij. — Ledit *Anthoine* a declaré quil a tousjours serui et encorres offre à seruir de son corps. — Il sert en personne, par certification de Mons' de Rauestain.

Gauthier de Croix, ij⁰ iiij××. — Noble. — Ledit *de Croix* dist que il na point de fief de si grant reuenue et que sur luy, ou rapport de Mons' de Roubaix, par abus, est escript le fief de Maufet, lequel appartient audit seigneur de Roubaix et tenu de luy. — Ledit *de Croix* est homme anchien, si comme de iiij×× ans deage et, à ceste cause, requiert estre receu à furnir le taxe de combatans à pyet.

Jehan du Bois dit *Bosquet*, iiij×× viij. — Cest à *Jehan de Quesne* dit *Capy*, à cause de sespeuse. — Il est à la garde du chastel dEscaudeuure, auoec son beaupere.

Les hoirs *Philippe de Croix*, vj×× xij livres. — Nobles.

Le bastard de Meraumont, xlviij. — Seruice.

Tierchelet de Lannoit, xxix. — Noble.

Mons' de Croix, lxvij. — Noble. Il fait seruir par vj archers à piet, soubz Mons' de Fiesnes.

Jaques de Le Douue dit *de Neufglise*, iiij⁰ lx. — Seruice.

Les hoirs *Jehan Lorain*, xlviij. — Il sert en personne en Bourgogne, soubz Mons' de Roussy.

Pierre Le Mesre, un fief de xxxvj livres. — Il fait seruir son filz *Jehan* en estat de homme darmes.

Dame *Clare de Florence*, ij⁽ᶜ⁾ xl. — Noble. Elle fait seruir de vj archiers, iiij à piet et ij à cheual.

Demoiselle *Jehenne du Casticl*, iiij ˣˣ. — Nommée la vesue *Doremiculx*. Elle fait seruir, par certification du seigneur dAuelin.

Messire *Adam de Chigoire*, c livres. — Noble. — Cest à *Guillamme dOrdinghe*.

Gossuin de Lannoy, lxxvj. — Noble.

Jehan de Douuring, lxiiij livres. — Il fait seruir par *Hues*, son filz, en estat de homme darmes.

Dame *Jaque de Primecque*, vesue de feu messire *Estienne de Nouuelle*, lxvij. — Noble. — Elle fait seruir par messire *Estienne*, sou filz, en estat de homme darmes.

Huchon dEscoiures, ij⁽ᶜ⁾ xxxij. — Seruice.

Robert du Bos, liiij. — Noble.

Herué de Mcriadec, ij⁽ᶜ⁾ ij. — Noble. — Il fait seruir par *Ector*, son nepueu.

Bertran de Longheual dit *de Le Barre*, xxx. — Noble. — Comme dessus, folio xij. — Le fief de le Becque. Payé c sols.

Warin de Winguencourt, vij˟˟. — Noble.

Charles de Poucques, viij˟˟x. — Noble.

Phlippe de Percy, xxxv. — Noble.

Maistre *Andrieu Colin*, xxxj. — President de Flandres.

Mons' de Humbercourt, viij˟˟xvj. — Seruice.

Messire *Mahieu de Lens*, ij⁽ᶜ⁾ xxv. — Il fait seruice

en estat de homme darmes, à iiij archiers, soubz Mons' dEscordes.

Messire *Pierre de Lannoy*, un fief de ij^{c}xxx iiij livres. — Seruice.

Jehan du Burcq, xl. — Il sert en personne.

Jehan du Bos, lxx. — Noble.

Jehenne de Lanstais, vesue de feu *Gauthier Poulain*, xxxij livres.

Les hoirs *Philippe de Croix*, vj^{xx} xij. — Noble.

Mons' *Jehan de Sors*, ij^c iiij^{xx} xvj. — Noble. — Il fait seruir selon le taxe.

Messire *Jehan de Heulle*, xlij. — Noble.

Mons' de Montcaurel, xxxvj. — Noble.

Mons' de Molimont, c livres. — Seruice.

Chambre des comptes, reg. Flandre 85, ancien L. 128. de 57 feuillets, papier.

III.

ROLE DES NOBLES FIEFFÉS

de la Flandre wallonne,
dressé durant la campagne de Lorraine
ou périt Charles le Téméraire.
1476.

Copie.

ESTAT DES NOBLES FIEFUEZ ET ARRIERE FIEFUEZ des villes et chastellenies de Lille, Douay et Orchies, qui sont ou service de mon tres redoubté et souuerain seigneur, Mons' le duc de Bourgongne, en sa compaingnie, au pays de Lorraine et aussi des nobles et fiefuez qui seruent et font seruir mondit S' es garnisons des villes et fortresses pardeca, soubz les capitaines estans en icelles.

Premiers. Sensuit la declaration des noms et surnoms desdits nobles seruans mondit seigneur le duc, en estat de homme darmes, audit pays de Lorraine.

Mons' de Fiennes.

Messire *Federic de Hornes*.

Mons' de Fretin.

Messire *Charles Sucquet*.

Mons' de Le Gruerie.

Le seigneur de Premesque, soubz et en la compaingnie de Mons' de Cymay.

Gilles Guiselin, homme ancien, par son filz, seigneur de Busebeque.

Guillaume de Gungnies, soubz ledit seigneur de Cymay, qui a baillié ses lettres certifficatoires pour luy, lesdits seigneur de Bousebeque et *Guiselin*.

Anthoine, filz du seigneur de Berlettes, en lacquit de luy et de Mons' son pere.

Anthoine de Lannoy, seigneur de Le Moterye.

Anthoine de Le Hauuardrie.

Jaquet de Carnin, frere du seigneur de Beaumanoir (1).

---

(1) Le 11 juin 1476, à un assaut donné à la ville de Morat, fut tué « Jehan de Carnin *dit* de Beaumanoir ». Molinet, I, 200.

Martin de Le Mairie.
Hues d'Escoyures.
Hues de Hermanuille.

Jehennet de La Broy, en lacquit de *Jehan*, son pere, quil est homme pesant, inhabille de sieuir les armes.

Walerant de Le Viengne.
Pierre Rousée.

Walerant d'Anstaing sert de sa personne, pour et en lacquit de *Grard*, son pere, soubz et en la compaingnie de Monsʳ le gouuerneur d'Arras, comme il appert par lettres données du lieutenant dudit gouuerneur, datées du viijᵉ jour de juing anno lxxvj. Et auec ce a, ledit *Gueraert*, liuré ung archier à pié, nommé *Hacquin Bosquet*, de Fournes, lequel est eu le garnison de Saint Quentin.

Le seigneur de Wavraing, qui est ancien cheualier, a enuoyé deuers mondit seigneur et en son seruice, au pays de Lorraine, son bastaert accompaingnié de trois hommes d'armes et six archiers de cheual et, auec ce, a enuoyé six archiers audit Saint Quentin, tout au commandement et par ordonnance de Monsʳ de Rauestain, dont il appert par lettres de luy données et par autres lettres données de *Robert*, bastaert de Saueuses, qui les a passé à monstres.

La dame vesue du seigneur de Payaige (1), demeu-

(1) Jeanne Sucquet, veuve d'Antoine du Payage, né à Douai vers 1424, mort vers 1474, « un cheualier de grand los », célébré par Chastellain en sa Chronique (Œuures, édit. Kervyn, Bruxelles,

rant à Douay, a envoyé au seruice de mondit seigneur, audit pays de Lorraine, deux archiers montez et armés, soubz et en la compaingnie de Mons' de Fiennes, dont il appert par lettres.

La dame de Comines, pour elle et son filz, seigneur de Halluin, a la joyssance de ses terres et seignouries, soubz la main de Monseigneur et ce, par l'rdonnance de icelluy, tant que autrement y sera pourueu, par lettres de Mons^{gr} le duc, enregystrées au siege de la gouuernance de Lille, causées du seruice que messire *Anthoine de Halluin*, bailli de Bruges, fait tant pour luy, si comme en lacquit de icelle. Et aussi en faueur du seruice que defuncte madame de Comines a fait à madame la duchesse et à madamoiselle de Bourgongne.

La dame de Jenech, vesue du seigneur de Norquelmes, a envoyé au seruice de mondit seigneur, audit pays de Lorraine, deux hommes darmes et dont elle a fait apparoir par lettres du seigneur dEsquerdes, regystrées audit lieu de la gouuernance de Lille.

Le seigneur de Le Hauuardrie est deschargié, par mondit seigneur le duc, du seruice de guerre et a congié de soy retraire à son hostel, pour certaines causes qui à ce le ont meu, dont il a fait apparoir par lettres de mondit seigneur le duc, données à Nansy et signées de sa main.

1864. in-8, V, 45-46), connu par ses exploits contre les infidèles à Grenade et en Barbarie.

Deux lettres de lui sur la Turquie, où il se trouvait en 1467, sont insérées dans le Ms. Fr. 1278 de la Bibl. nation., folios 234-243 et 244-246, pièces 70 et 71.

Pierchon de Tortequesne sert en sa personne, ainsi quil a esté certiffié à Mons' le gouuerneur et, auec ce, a liuré ung archier, ainsi que cy apres sera declairé.

AUTRES NOBLES HOMMES ET FIEFUEZ desdites chastellenies, qui seruent et font seruir mondit seigneur le duc es garnisons des villes de pardeca, pour et en lacquit de eulx et de leurs fiefz.

Primo. Messire *Pierre de Raisse*, chevalier, seigneur de Le Hargerie, capitaine de Peronne et, auec luy, messire *Adam*, son filz, lequel, moyennant ledit seruice, est deschargié de faire autre seruice. Dont il appert par lettres données de mondit seigneur le duc, dont il a fait ostension à Mons' le gouuerneur et bailli de Lille, pour sa descharge.

Le seigneur de Monciaulx, qui prent vj° livres parisis de rente sur le terre de Quesnoit, qui est le pluispart de la reuenue et valeur de ladite terre, est commis à la garde du chastiel de Mortagne et, pour ce, est deschargié, par lettres de mondit seigneur le duc, de faire autre seruice.

Jaque [effacé : *Anthoine*] *de Neufeglise*, seigneur de Sainghin, est de la garnison de Saint Quentin, par lordonnance de Mons' le chancellier, ainsi que Mons' le bailli de Saint Quentin a certiffié par ses lettres, aussi regystrées audit siege de la gouuernance.

Mons' de Santes est de la garnison de Abbeuille, ainsi que mondit seigneur d'Esquerdes a certiffié et, moyennant ledit seruice, a esté mandé à mondit S' le gouuerneur de le tenir quitte du seruice personnel quil deuoit faire deuers et en la compaingnie de mondit seigneur le duc. Dont il appert par lettres de luy données, enregystrées audit siege de la gouuernance, datées du secondt jour de nouembre *anno* lxxvj.

Le seigneur de Chisoing, qui est une josne enffant, fait seruir par trois hommes darmes et quatre archiers de cheual, lesquelz sont en le garnison de Hem. soubz et en la compaingnie de Mons' de Aymeries, grant bailli de Haynnau, ainsi quil certiffie par ses lettres signées de sa main.

Le seigneur d'Auelin sert mondit seigneur le duc, soubz et en la compaingnie de Mons' de Humbrecourt, pour le garde de ceulx du pays de Gueldres.

Et avec luy, ceulx qui sensuivent :

Loys Damin,
Lyonnet d'Assingnies,
Jehan de Has,
Jehennet d'Astices, en laquit de son pere, homme ancien.

Loyset Preuost. Tous en estat de homme darme.

Jehan de Hcrgnies fait seruir par son filz, en le garnison de Peronne.

Mons' de Fosseux, demourant au bailliage de Douay. fait seruir par son filz, en la compaingnie de Mons' le duc.

Le seigneur de Hames est deporté du seruice personnel deuers mondit seigneur, par ses lettres, à le occasion de le maladie quil a eu une jambe, en seruant en le garnison de Abbeuille, soubz et en le compaingnie dudit seigneur dEsquerdes.

Le seigneur de Marquette fait seruir en le compaingnie de Monsʳ de Cymay, ainsi que icelluy seigneur a certiffié par ses lettres.

Le seigneur de Croisilles, tenant sa residence à Croisilles, pays dArtois, soubz ledit seigneur dEsquerdes.

Le seigneur de Brouay, tenant sa residence à Brouay, pays dArtois.

Iceulx seruent mondit seigneur tous en le garnison de Abbeuille, soubz ledit seigneur dEsquerdes, ainsi que ledit Sʳ la certiffié et ce, par lordonnance de mondit Sʳ de Rauestain. Par quoy, riens ne a esté touchié à leurs fiefs et seignouries.

Le seigneur de Beaumanoir, qui auoit ses fiefs saisis, pour ce quil estoit delayant de seruir, a obtenu lettres de mondit seigneur, par lesquelles et pour les causes y contenues il a main leuée.

Le seigneur de Rosimbos est commis, de par mondit seigneur, chief de la garnison de le ville de Saint Quentin, aueuc le bailly dudit lieu.

Et aueuc luy ont esté ordonnez et qui sont en ledite garnison, ceulx dont les noms et sournoms cy aprez sensuiuent :

Premiers. *Jehan de Poucques*, homme darmes de lostel dudit seigneur de Rosimbos, lequel est son lieutenant en ledite garnison.

Monsʳ de Bercus, en sa personne, lequel est accompaingniés de six archiers à pié et habilliés à ses despens.

Jehan de Bertrangle, pour luy et son pere, qui est homme ancien, en estat de homme darmes, acompaingnié de ij archiers.

Jehennet de Herbammez, pour lacquit de luy et de sa damoiselle mere, en estat de homme darmes.

Jehan Preudomme et se belle mere, vesue de feu *Gaultier Poulain*, font seruir pour lacquit de leurs fiefs, par ung nommé *Henry de Le Salle*, en estat de homme darmes.

Le seigneur de Roubaix a enuoyé deux hommes darmes et six archiers, soubz ledit Sr de Rosimbos. Et quant à sa personne, il est à son hostel et luy seroit impossible, ainsi quil dist, de aller deuers mondit seigneur. Et pour ce, a esté differé de proceder à la saisime de ses fiefs.

Le seigneur dAntreulles, qui loing temps a esté malade et homme ancien et debille, fait seruir, en ledite garnison, par son bastardt, en estat de homme darmes.

Le seigneur de Hem, qui est homme debille et homme ancien, a enuoyé deux hommes darmes et six archiers, soubz ledit Sr de Rosimbos.

Philippes de Ponrewart, bourgois de Lille, fait seruir par *Jaques de Poucques*, en estat de homme darmes.

ET POUR TANT QUIL ESTOIT MANDÉ, par lettres patentes données de mondit seigneur, que les nobles desdites chastellenies de Lille, Douay et Orchies fuissent constrains de liurer deux cens archiers, pour aller en ladite garnison de Saint Quentin, soubz et en la compaingnie dudit Sr de Rosimbos et que, non obstant les crys, publications et commandemens fais aux bretesques desdites villes et aussi les lettres messibles à eulx enuoyez par les gouuerneur et bailly de Lille à ceste fin, iceulx nobles hommes furent delayans de ce faire, iceulx gouuerneur et bailly, affin que ledite garnison et ville de Saint Quentin ne demourast impourueue, firent habiller et mettre sus plusieurs archiers par les fiefziez desdites chastellenies, nobles et non nobles, le plus hastiuement et dilligemment que faire peurent et, de tout ce, aduertirent mondit S^r le chancellier par leurs lettres et depuis luy en parlerent de bouce, luy estant en ceste ville de Lille, à lostel de Monsr de Berlettes. Et pour ce quil ne auoyent encore recouuré leur nombre, il leur fut ordonné de parfaire et, sur ce, en obeissant et executant ledite ordonnance, leuer lesdits archiers, que ledit Sr de Rosimbos mena et fyst conduire audit lieu de Saint Quentin. Dont les noms et sournoms des fiefuez ayant liuré lesdits archiers et le nombre combien chacun en a liuré, la declaracion sensuit.

  Premiers.

Monsieur de Landas a enuoyé iiij archiers aueuc ledit Sr de Rosimbos.

 Monsieur dEstambourg, iij.

 Monsieur de Beauffremez, iij.

 Luc de Hem, escuyer, iij.

 Phlippes Frumault, ij.

 George dAssignius, j.

 Ernoul de Le Haye, j.

 Grardt dAnstaing, j.

 Damoiselle *Jehenne du Castel*, ij.

Antoine de Berlettes, filz *Constant*, j archier.
Guillaume du Pret, ij.
Jaques Regnier, Sʳ d'Escaubecque, iij.
Maistre *Jaques Preuost*, j.
Micquelet de Grandimez, j.
Jehan et *Grardt de Noyelle*, j.
Jaques du Pret, j.
Henry de Tenremonde, ij.
Daniel de Forcest et *Bertram Robert*, j.
Bertram de Le Barre, iij.
Le filz de feu messire *Anthoine de Raisse*, j.
Jehan Le Boucq et *Jehan de Le Haye*, j.
Gossin de Guingnies, j.
Jehan Alars, j.
Jehan de Beauffremes, j.
Gaultier de Croix dit de *Drumez*, iij.
Jaques de Le Vingne et se fille, ung.
Alacrdt de Le Vingne, ung.
Jehan de Quartes, j.
Jehan de Langlée, ung.
Jehan de Le Hameidde, iij.
Hues de Tortequesne, j archier.
Phlippes de Saint Feriot, j.
Pierre Mielot et *Walerandt de Beauffremez*, j.
Ernoullet d'Ayre, ij.
Jehan Merquant, j.
Le vesue *Germain Picaut*, j.
Maistre *Jehan Picauet*, son filz, j.
Maistre *Anthoine Le Candele* et *Jehan Mulir*, j.
Hues de Lattre et *France de L'scailh*, j.
Pierchon de Tortequesne, j.

Maistre *Jehan Gherboode* et *Jehan de Le Wale*, j archier.

Ernoul de Le Bosquelle et le vesue *Jehan de Lespiere*, j.

Jehennet de Le Lacerie, j.

Jore Picauet, j.

Baudecon des Champs, j.

Antonin des Champs, j.

Pierre Le Preudomme, j archier.

George Vrediere, iiij.

Robert de Gouy et *Jehan de Driurre*, j.

Bauduin Orguet, j.

Miciel Costrel, j.

Henry Gommer, ij.

Martin Denys, j.

Jehan des Cours, j.

Le vesue *Bertremieu Regnier*, iij.

Mahieu Lachier, j.

Jore Le Doussire, j.

Jehan Viluin et *Ernoul Croquenilain*, iij.

Hues A le Truye, j.

Anthoine Fuselier, j.

Jehan de Grandt Ram, j.

La vesue *Pierre Gommer* et le vesue *Phlippart Six*, j.

Pierre Escaillet et *Caterine dAuesnes*, j.

Jehan Gantois, v.

Maistre *Pierre de Le Deusle* et *Jehan Bourse*, j.

Le vesue *Hues dAbelain*, j.

Grardt Tieulaine, j.

Jaques Hacquart et *Jacques Suvary*, j

Jehan Orguel, j archier.
Jehennet de Mortaingne, iiij.
Jehan de Le Ruyelle, j.
Sandrardt de Warigny, j.
Jaques de Courroubles, ij.
Le vesue *Ryckardt Pinchon*, ij.
Le corps de le ville de Douay (1), ij.
Jehan d'Abelain, j.
Pierre de Le Barre, j.
Nycolas de Saint Genoys, j.
Jehan Costrel, ij.
Jehan de Le Chappelle, j.
Jore de Le Saulch, j.
Laurens Meurille, j.
Jehan du Mares, j.
Bauduin Gommer, ij.
Henry de Cormont, j.
Jehan Lachier, j.
Jehan Le Tailleur, j.
Jaques Gommer, ij archiers.

Tous lesquelz seruices portent ensemble xij lanches et c et lij archiers, chacune lance comptée pour iiij archiers, qui montent, tout ensemble, deux cens archiers.

(1) Pour son fief de la châtellenie, acquis en 1464 (Brassart, *Châtelains*, Douai, 1877, in-8, I, 36).

Le 27 mars 1469 (v. st.), les échevins de Douai,—afin d'acquitter la ville du service qu'elle doit au duc « pour ceste présente armée », à cause du fief de la châtellenie,— payent « six vings florins de Rin, pour monter et armer ung homme d'arme de trois cheuaulx et six archiers »; laquelle somme le « commissaire de par Monseigneur en ceste partie » bailla « à ung nommé Palliard de Surques ».— Archives municipales, EE 7. Pilate, 1084.

AUTRES NOBLES HOMMES ET FIEFVEZ qui nagueires ont esté enuoyez au seruice de mondit seigneur, ou pays de Lorraine, soubz et en la compaingnie de messire *Josse de Lalaing*, souuerain bailly de Flandres.

Premiers. *Gherardt de Le Houardrie*, escuyer, qui, à layde de monsieur de Le Houardrie, son frere, se est monté et armé, acompaingnié sa lance de deux archiers de cheual.

Mons' de Herin fait seruir mondit seigneur audit pays de Lorraingne, en estat de homme darmes à trois chevaulx et depuis ledit S' y est allé en personne avec le seigneur de Fiennes, ainsi quil a esté raporté aux commis.

Monsieur dEstambourg fait seruir, aueuc les archiers par luy liurez, ainsi que declaré est cy dessus, j homme darmes monté à trois chevaulx, nommé *Ernoullet Pardon*.

Lesquelz *Grardt de Le Houardrie*, *Jehan de Bersées* et *Ernoullet Pardon* ont conduit, soubz ledit souuerain bailly, aultres. Combien, tant de pié, comme de cheual, montes et armez, liurez par les fiefuez desdites chastellenies, dont la declaration des noms desdits fiefuez et combien chacun en a liuré, cy aprez sensuit.

Pour ceulx de cheual.

Jehennet des Wastines dEstrées, pour ung archier à cheual.

Jehennet des Wastines de Lers, pour ung archier.

Ernoult Bernardt à layde de *Jehan Cuuillon*, j archier.

Roegier Le Vriendt, j.

Franchoys d'Allennes, pour luy et sa femme, lors pleiuuie (1) par mariage, deux de cheual et deux de pié.

Jehan du Bois, escuyer, ung archier.

Madame de Molebaix, deux archiers.

Jehan Lalemant et *Jehan Le Naueleur*, j à cheual.

Jaques de Ruymont, ung à cheual.

Guillaume d'Ordyme, ung à cheual.

Grard de Hocqueron, bailly de Lille, j archier à cheual.

AUTRES NOBLES FIEFUEZ qui ont liuré archiers de pié et qui sont audit pays de Lorrainne.

Monsieur de Landas a enuoyé iiij archiers de pié, par dessus les iiij archiers quil auoit enuoyé à Saint Quentin.

Monsieur de Croix, homme ancien et debile, iiij archiers.

Monsieur de Warennes, pour ses fiefs quil a eu ladite chastellenie de Lille, en a liuré iiij archiers.

Monsieur de Fourmelles, gouuerneur de Lille, ung archier de cheual et iij archiers de pié, qui sont en le compaingnie de mondit seigneur.

Jehan Houin, lieutenant de mondit Sʳ le gouuerneur, ung à cheual bien monté et armé, qui est aussi aueuc mondit seigneur le duc.

Jehan d'Ostende, Gʰerardin Regnault, Jacotin Regnault, ses nepueux, iiij archiers.

---

(1) *Plevie*, fiancée, promise. François d'Allennes était sgr de Cantin par sa femme, Jeanne du Gardin.

Jehan et *Philippe Le Monnoyer*, iij archiers.

Guillaume Wastepaste et maistre *Jehan de Le Hameyde*, j.

La vesue *Joryne* et *Jehan de Hainnault*, ung.

Jehan de Marceneilles, ung.

Anthoine de Hoceron, ung.

Anthoine de Landas et *Jehan Hermant*, j.

Philippart de Roussy et *Hacquin de Le Haye*, j.

Jehan de Cuuillers, ung.

Loys de Le Croix, ung.

Ghyselbrecht de Wint, j.

Jehan Barbet, ung.

Madame de Rabodengues, ij.

Jaques Vergelos, iij.

Francois Le Cocq et *Pierre Le Rogeault* j.

La vesue Monsr de Relengues, j.

Messire *Jehan de Sars*, pour sa terre de Watrelos, iij.

Damoiselle *Jehenne des Pretz*, ung archier.

Guillaume de Fretin est deschargié du seruice personnel, par lettres données de Mons' le chancellier, au cas quil enuoye, en son lieu, au seruice de mondit seigneur, homme souffyssant et, sur ce, a enuoyé au pays de Lorraine ung nommé *Jehennet des Wastines*, bien monté et armé, en estat de archier à cheual.

Le seigneur dOby est commis par Monsr de La Roce, comme capitaine de la ville de Douay, à la garde de icelle ville, comme son lieutenant et, pour ce, est deschargié de faire autre service.

Charles de Poucques est aussi commis par ledit Sʳ de La Roce, comme capitaine du chastel de Lille, à la garde de icelluy chastel, comme son lieutenant et, pour ce, est deschargié.

Jehon du Bois dit *Bosquet* est commis, par le seigneur de Roubaix et à ses despens, à la garde du chastel d'Escaudeuuere et, pour ce, a esté deporté du seruice quil doibt pour ung petit fief quil a en la chastellenie de Lille.

Monsʳ de Lannoy a ordonnance, de par mondit seigneur, de soy tenir en la ville d'Arras, en la compaingnie de Monsʳ de Rauestain (1), lequel seigneur tient soubz luy et en sa compaingnie les nobles hommes cy aprez declarez, que mondit Sʳ le gouuerneur, soubz le certiffication de mondit seigneur de Lannoy, aueuec le lettre de mondit seigneur de Rauestein, a deporté, sans touchier à leurs fiefz, ne proceder à la saisime de iceulx.

Pierre de Croix,
Philippe de Hem,
George de Bruges,
Mahienet de Moriane.

Autres nobles hommes et fiefuez, qui sont de l'ostel de ma tres redoublée dame, madame la duchesse, lesquelz ont fiefz en ladite chastellenie de Lille, que mesdits Sʳˢ les gouuerneur et bailli de

---

(1) Ce prince était arrivé à Arras le 30 août 1475, avec messire Simon de Lalaing, le seigneur de Lannoy, etc. — Dom Robert, *Journal*, Arras, 1852, in-8, p. 5.

Lille ont delaissé de saisir leurs fiefz, au commandement de ladite dame. Desquelles la declaration des nomps et surnoms cy aprez sensuit.

Phlippe de Persy,

Jehennet dAllennes,

Baudechon dOngnies,

Jehan de Le Chapelle, clerc de office de madite dame,

Guillebert de Tenremonde,

Pierchon de Neufeglise.

Anthoine et *Charles de Lattre* sont commis à la garde de Monsr *Adolf de Gueldres* et aussi par ce que ledit *Charles* a esté deuers mondit seigneur, oudit pays de Lorraine, ne ont point leurs fiefz esté saisiz.

Monsieur du Bois, commis à la garde des enffans dudit seigneur, lequel se tient à Bethune et a des fiefz en ladite chastellenie de Lille, lesquelz ne ont esté saisiz, à la cause dite.

Waleran de Le Lacherie fait seruir par son filz, soubz et en la compainguie de monsieur de Neufuille.

Monsieur dEstrées, lequel a long temps esté malade du mal des rains et, à ceste cause, ne a, ne poet cheuaulchier : par quoy mondit seigneur le duc, aduerti de ce que dit est, le a deporté du seruice personnel, par ses lettres, à condicion quil fera seruir selon le valeur de ses fiefz. Et pour ce que ledit seigneur dEstrées a espoir de brief retourner en conualescense, il a differé et delayé à faire faire ledit seruice et a promis de aler deuers mondit seigneur, en personne, se il luy est possible, ou de

liurer gens en son acquit, pour seruir mondit sei_
gneur, tellement que mondit seigneur sera comptent.

Jehan d'Ongnies, seigneur de Quesnoit sur le
Deusle, qui long temps a esté malade, tant à cause
du voyaige par luy fait, au seruice de Monseigneur
à Nuse, comme pour le prinse de sa personne faite
par les Allemans. Et aprez ce quil est retourné en
conualescence, il est comparus, offrans de seruir
mondit seigneur en personne, au cas quil puist
recouurer finance pour soy monter et habiller : laquelle il ne pouoit ne auoit puet trouuer, obstant les
grans charges et debtes en quoy il se est trouuez,
tant à loccasion de sa rencon, quil luy a conuenu
prendre en cours de rente, comme pour le grosse
despense quil a fait au seruice de mondit seigneur,
tant au pays de Gueldres, Bourgongne et à Nusse et
ailleurs et jusques au retour dudit voyaige de Nuysse,
que lors il fut prins prisonnier des Allemans, comme
dit est. Comme pour le cours de vj° livres de rente,
que le seigneur de Monciaulx qui a espousé sa mere,
prent, tous les ans, sur sa terre et dont il doit deux
ans et demy de arrieraige, pour lesquelles ledit seigneur de Monciaulx a fait saisir et exposer sa terre à
vente. Et ainsi ne se scet de quoy aydier et est con-
trains de viure et soy tenir aueuc ses seigneurs
parens et amis. Requerrant que on le voulsist, en ce
et en ses affaires, auoir pour recommandé. Neantmoins sa terre a esté saisie et mise en la main de
mondit seigneur, par faulte de seruice.

ET AU REGARDT DES NOBLES ayans fiefs esdites chastellenies de Lille, Douay et Orchies, demourans hors desdites villes et chastellenies, si comme en Flandres, Haynnau, Artoys, Brabant et France, lesdiz gouuerneur et bailli de Lille ont delaissié de saisir leurs dits fiefz, pour ce que ilz tiennent que les officiers soubz qui iceulx sont demourans les ont constrains à faire le seruice, ainsi que mondit seigneur le a volu et mandé et aussi que, en seruant de leurs personnes, ilz acquittent tous leurs fiefz où quilz soient scituez et assiz.

ITEM ET QUANT AUX AUTRES NOBLES demourans esdites chastellenies, quil ne font quelque seruice à mondit seigneur, ayans fiefz en icelles chastellenies, le declaration diceulx sensuit.

Madame de Florens, qui auoit esté deschargié du seruice de guerre pour lannée passée, tant seulement.

Pierre Le Musy, seigneur de Guingnies.
Sanse de Vendegies.
Jacotin de Baudemont.
Gilles de Le Cessoye.
Monsieur de Beughin.
Monsieur de Saint Aubin.
Monsieur de Longastre.
Madame des Pretz.
Daniel de Le Mote.
Georget de Montigny.
Guillaume dAubercicourt.
Jehan Picquette laisné.
Gilles Pycquette.
La vesue *Oste de Boulbaix*.

Et quant aux fiefuez non nobles, qui ne ont fait, ne font faire quelque seruice, les gouuerneur et bailli de Lille sen attendent au receueur de Flandres, tenans le regystre des fiefz, de prendre et leuer le sixiesme denier de la reuenue de leurs fiefz, ainsi quil luy est mandé et enjoingt de faire.

Ainsi signé : Jehan de Rosimbos et G. de Hoccron.
Colacion faite le iiij* jour de jenuier, au quaier baillyé par les commissaires de Lille et signé de leurs saings manuelz, par moy :

Ruffault.

Chambre des comptes, 86 Flandre, ancien L 948 cahier de 8 feuillets de papier.

IV.

DÉCLARATIONS DE PLUSIEURS SEIGNEURS

et gentilshommes de la châtellenie de Lille
sur le service volontaire
que leur demandait
Maximilien d'Autriche.
1481.

Le xvj* de feurier *anno* mil cccc iiij^{xx}, sur ce quil a pleu à nostre tresredoubté seigneur, Mons* le duc dOostrice et de Bourgongue, escripre ses lettres closes au seigneur de Hames, gouuerneur de Lille et aux president et gens de la chambre des comptes illecq, desquelles la teneur sensuit.

« A noz amez et feaulx, le Sr de Hames, nostre gouuerneur de Lille, Douay et Orchies et aux president et gens de la chambre de noz comptes audit lieu de Lille.

» De par le duc dOstrice, de Bourgongne, Brabant, Lembourg, Lucembourg et de Gelres, conte de Flandres, dArtois, Bourgongne, etc.

» Treschiers et bien amez. Pour ce que plus que jamais il est besoing et tresnecessaire de pourueoir à la defence de noz pays et seignouries et resister aux entreprinses que les Francois, noz ennemis, pourroient faire sur iceulx, attendu meismement que la presente treue doit brief expirer, — nous escripuons pardeuers vous et vous ordonnons expressement que, incontinent cestes veues, vous mandez et faittes venir pardeuers vous tous les fiefuez de notre chastellenie de Lille, Douay, Orchies et les appartenances et leur remonstrez noz presens affaires, les dangiers et perilz eminens en quoy sommes et la neccessité requise de promptement prouision estre mise, se noz ennemis sauancassent de faire quelque entreprinse sur nous ou nosdits pays, ou sur quelque bonne ville ou autre lieu fort diceulx : que Dieu ne vueille ! Et deulx sachiez de quel nombre de gens et de cheuaulx et pour quel temps ilz nous pourront et vouldront seruir à leurs despens, à lencontre de nosdits ennemis, sil aduient quilz mettent siege deuant nostre ville dudit Lille, deuant celle de Douay ou ailleurs sur les frontieres de nosdits pays : dont faisons grant doubte.

» Et pour ce que, seledit cas aduenoit, il nous conuiendroit aydier et seruir de tous noz subgectz en general, nous vous ordonnons, comme dessus, que enquerez à toute diligence pour sauoir quele puissance dhommes de defence, dentre les eaiges de dixhuit à soixante ans, se pourront trouuer en nostre ditte chastellenie et es appartenances, en enuoyant, à ceste fin, par tous les villaiges dicelle, gens à ce expers et ydoines, pour promptement et prestement en faire information. Laquelle faitte et les noms desdits paysans deffensables mis par declaration, voulons que iceulx paysans faittes pourueoir, aussi à leurs despens, assauoir : les plus riches et puissans, de haubergeons (1), les autres moins puissans, de picques, chascun selon sa faculté. Et à ceulx qui nauront de quoy y fournir, faittes deliurer semblables bastons, aux despens desdits villaiges et des habitans dont ilz seront Et choisissiez dentre eulx dixeniers et centeniers, des plus expers que trouuerez, pour, au son de cloche, estre pretz pour nous seruir soubz vous, nostre gouuerneur, quant le cas le requerra, soit à leuer siege ou autrement, pour la deffense du pays.

(1) *Haubergeon* : cotte de maille. Il semble ici sous-entendu que celui qui avait pu se munir de cette armure coûteuse possédait en outre une épée, un « baston » ou toute arme propre à l'attaque.

» En faisant en tout et par tout telle et si bonne diligence que, dudit nombre que trouuerez, tant desdits fiefuez, que paysans, soyons bien et au vray aduertiz, ensemble aussi desdits dixeniers et centeniers, endedens huit jours apres que cestes vous seront exhibées, ou autre plus brief terme que possible vous sera bonnement, pour selon ce nous regler et conduire en noz affaires, sans y faire faulte, comment quil soit. Car tel est nostre plaisir.

» Treschiers et bien amez, Nostre S^r soit garde de vous.

» Escript en nostre ville de Gand, le vij^e jour de feurier *anno* quatre vings.

» Ainsi signé : MAXIMILIANUS. Faetes bon deuoir. Et du secretaire, RUTER. »

Lesdits commis, en executant le contenu esdittes lettres, ont mandé venir deuers eulx les personnes ausquelles ilz ont fait les remontrances et y procedé ainsi quil sensuit.

Primo. Le seigneur de Santes, comparant pardeuant les dessus dits gouuerneur et gens des comptes et apres lecture a lui faite desdittes lettres et remontrance du bon plaisir de nostre dit S^r, a declaré, apres pluiseurs choses par lui alleguées touchant les pertes par lui soustenues à cause des guerres et diuisions presentes, que neantmoins, comme bon vassal et subgect de Monsr, se le cas aduient que icellui seigneur se mette sus en armes et treuue aux champs, en ce cas, se son corps le puet porter, il le seruira en personne à ses despens, ainsi que à son estat appartient, ou, si non, enuoyera en son seruice pour lui deux hommes darmes armez et habillez, à ses despens, pour le seruir deux mois de long.

Le seigneur de Rosimboz, mandé pour la cause dite, sest offert, veu les pertes dessus alleguées, de seruir Mons' de sa personne en armes, ainsi que à son estat appartient.

Le seigneur de Hem a remonstré pareillement ses pertes, aussi son ancien eage et que neantmoins il fera seruir par son filz bastart, en estat domme darmes à trois cheuaulx, durant deux mois, à ses despens.

Le seigneur de Hallennes, comparant pardeuant lesdits commis, apres pluiseurs remonstrances de ses pertes et aussi de son eage et impotence et à la grant charge denffan~ quil a, que neantmoins il seruira Mons' de deux hommes de pié, habilliez comme il appartient, payez pour ung mois.

Le seigneur de Beaumanoir, comparant comme dessus, apres pluiseurs remoustrances par lui faites du seruice ouquel il est obligié deuers messire *Jehan de Luxembourg* et aussi à cause de la place de Loccre (qui lui conuient entretenir, comme appartenant à ung sien nepueu), a declairé, à ces causes, non soy pouoir obligier à autre seruice, requerant à mondit S' estre content et il fera tousjours son mieulx, comme il a fait jusques à hores.

Messire *Jehan d'Estaimbourg*, mandé pour la cause dite, apres la remonstrance par lui faite du seruice ouquel il est obligié deuers messire *Jaques de Luxem-*

bourg, chevalier, Sr de Fiennes, a declairé quil sera tousjours prest de seruir mondit S^r le duc, souhz ledit seigneur de Fiennes, selon que à son estat appartient.

Le seigneur dAuelin, mandé pour la cause dite, a remonstré pluiseurs grans pertes quil a et soustient à cause de la guerre et que, obstant icelles, il ne lui est possible faire aucun seruice à Monsr, meismement de cheual. Aussi il sen va presentement, comme capitaine, garder la place de Lalaing, où il entend faire seruice assez à mondit S^r, lui requerant auoir ses excuses pour agreables et il se mettra en paine de bien garder laditte place de Lalaing.

Le seigneur dEscoures a remonstré quil est manant à Cambray et quil a, à loccasion de la guerre, perdu toutes ses reuenues et quil na point du pain pour viure. Neantmoins, se autre dangier aduenoit, il sefforceroit de seruir de tout son possible.

Jehan de Marchenelles se mettra en peine de seruir en personne, se faire le puet, ou, si non, il y euuoyera son filz monté et habillié, payé pour xv jours.

Hubelet, bastard de Croisilles, dist quil na de quoy seruir ne se habillier, mais, se on le veult monter et habillier, il seruira voulentiers.

Jehan de Langlée, escuier, neantmoins quil ait tout perdu à cause de la guerre presente, toutesuoies il fera seruir Monsr, à ung homme de guerre, à ses despens, pour ung mois entier.

Jehan Fremault, escuier, qui a beaucop perdu, comme il dit, à cause de la guerre, seruira Monsr, à ses despens, en estat de homme darmes, xv jours durans, à ses despens

Messire *Roland de Rasse*, Sr de Bailloeul le Mont, qui a tout perdue sa cheuance estant en Artois, neantmoins sera prest seruir Monsr, lui estant aux champs, pour xv jours, à ses despens.

Luc de Hem, escuier, veues les pertes quil a soustenues depuis ces guerres, la charge denffans quil a et quil lui conuient viure de ce quil vent chascun jour, sera prest de furnir une liure gros comptant, pour conuertir ou seruice de la guerre.

Bauduin de Croix, escuier, remoustrant ses pertes comme les autres, la debilitation de sa personne à cause des seruices fais par cy deuant, la charge denffans, etc., il seruira tellement que Monsr sera bien content de luy, sans vouloir declarer autre seruice vouloir faire, fust de homme darmes ou autrement

Jehennet de La Broye, escuier, dit que, depuis quil a peu seruir, il a dezseruy Monsr tellement quil en est comme affollé dun braz, non ayant guerres de cheuarce. Neantmoins il sera prest de seruir soubz messire *Jehan de Luxembourg*, au mieulx quil pourra.

Gerard du Chastel à cause des fiefz et biens quil tient, fera seruir Monsr dun homme de guerre monté à cheual, deux mois, à ses despens.

Anthoine Preuost, escuier, soy excusant des pertes quil a, à cause de ses biens en Picardie, tellement quil na de quoy viure, neantmoins il fera seruir

Mons' par ung homme de guerre à cheual, ung mois, à ses despens, priant estre excusé eu ce faisant.

Lois d'Anvin, escuier, remonstrant ses pertes ou pays d'Artois dont il est natif, toutesuoies sera prest de seruir Mons', à ses despens, ung mois durant.

Alixandre de Waurin (1), escuier, dit quil a bien peu vaillant, saulf enuiron cent frans de rente, que viagiere, que autre. quil tient à cause de sa femme, sur quoy il se vit. Toutesuoies il sera prest de seruir Mons', dun archier à cheual, monté et habillié, pour le terme dun mois, à ses despens.

Philippe Preuost, natif de Bethune et aiant tous ses biens, tant de lui, comme de sa femme, à lenuiron dudit Bethune, sest excusé, pour sa poureté assez congneue, de pouoir faire aucun seruice à Mons'. Bien dit que, se il y a quelque seigneur, bourgeois ou autre qui le veulle armer et monter, de faire seruice à Mons', en sa personne.

Jehan de Herbaumez, escuier, soy excusant sur les seruices fais par cy deuant à Mons', a loccasion desquelz il est fort diminué de sa cheuance, neantmoins, se le plaisir de Mons' est se trouuer en armes, il sera celuy qui ne demourra pas derriere, mais le seruira à deux cheuaulx, de sa personne, ung mois, à ses despens.

Jaques de Croix, escuier, a remonstré les seruices, etc., son ancienneté et debilitation et quil a à present bien peu de cheuance, meismement que, depuis deux

---

(1) Cf. *Une Vieille généalogie de la maison de Waurin*. Douai, 1877, in-8, p. 43.

ans, il a esté prins des Francois, requerant pour ce estre deschargié et deporté de seruice.

Oste de Drumez, les choses dessusdittes remonstrées, fera seruir Monsr, ou cas quil se trouue aux champs, de ung archier monté et armé, à ses despens, ung mois de long.

Jehan Pillefour, soy disant escuier, seruira Monsr, dun archier à cheual, à ses despens, ung mois de long.

Gerard d Anstaing, escuier, remonstrance faite de ses pertes et poureté, na riens de quoy pour seruir, requerant estre tenu pour deschergié.

Regnault de Le Worewane, escuier, les choses dessusdittes remonstrées, dit quil fera seruir Monsr, dung archier monté et habillié et à ses despens, ung mois de long.

Simon de Bertrangles, escuier, dit quil a tousjours seruy et que encores il seroit bien prest, sil auoit de quoy. Neantmoins il seruira Monsr, à deux cheuaulx, ung mois de long, à ses despens.

Guilbert de Tenremonde (1), escuier, remonstrant ses seruices fais et limpotence de sa personne, aussi quil est resident en ceste ville quil desire bien aydier à garder, neantmoins, se aucun dangier auenoit (que Dieu ne veulle!) à la chastellenie, il se mettra en paine de seruir à son pouoir, ainsi que tousjours il a fait, tellement que son honneur y sera bien gardé.

---

(1) A. de Ternas et Fremaux, *Hist. genealog. de la famille de Tenremonde*, Douai, 1870, in-8, p. 36.

Anthoine de Hocron, escuier, dit quil na gueres aujourduy sur quoy il peuist seruir. Neantmoins il seruira à sou pouoir, ou cas que Monsr se mette sus en armes, tellement que son honneur y sera gardé.

Chambre des comptes, portef. 77 Flandre, anc. D 397 ; cahier en papier de 6 feuillets ; copie du temps, inachevée, s'arrêtant à la fin du verso du 3e feuillet. Au dos, cette mention : « Seruice de guerre. »

ERRATA.

P. 13, ligne 8. Au lieu de : « elenghehem », lisez : « . elenghehem ».

La première lettre du nom de cette seigneurie manque sur le Ms.

TABLE ONOMASTIQUE

DES

FAMILLES ET DES FIEFS.

Abelaing (d'). 16, 22, 47, 48.
Ainchy (d'). Voir : Inchy.
Aire (d')........... 46
Alart............. 46
Allennes (d'). 8, 24, 26, 28, 32, 50 et note, 53.
Allennes (sgrie d')... 60
Amiens (vidamie d'). 32
Anechin (fief à)..... 16
Annappes (mairie d'). 15
Anstaing (d'). 39, 45, 64
Anstaing (d'). Voir : Mez (du).
Anstaing (f. d')..... 15
Autreulles (sgrie d'). 22, 44
Anvin (d')...... 62-63
Armentières. Voir : Viez-Biez (le).
Artois (comté d').... 57
Artus......... 32-33
Assignies (d'). 21, 42, 45

Attiches (d').... 22,42
Attiches (pairie d'). 22 et note 1.
Aubeaux (f. des).... 13
Auberchicourt (d'). 16,55
Auby (sgrie d')... 23,51
Audeville (sgrie d').. 24
Autriche (d'). 5, 11, 56,59
Autriche (duché d'). 11, 56, 57.
Avelin (sgrie d'). 12, 17, 21, 22, 26, 30, 33, 36, 42, 61.
Avesnes (d')........ 47
Aymeries (sgrie d').. 42
Ayre (d'). Voir : Aire.

Bacq (du).... 8, 14, 23
Baille (fief de Le).... 16
Bailleul (d............ 32
Bailleul (fief de).... 16
Baillœulmont (sgrie de). 62

Barbençon (de). 17, 29, 32, 33.
Barbet............ 51
Baudemont (de)..... 55
Bauffremez (de)..... 46
Bauffremez (f. de)... 13
Bauffremez (sgrie de). 13, 45
Beaucarne (de)..... 16
Beauffremez (f. de). Voir : Bauffremez
Beaumanoir (sgrie de). 12, 38, 43, 60.
Bercus (sgrie de). 26, 43
Bernard........... 49
Berlettes (de).... 33, 46
Berlettes (sgrie de). 20, 25, 28, 31, 38, 45.
Bersées (de)........ 49
Bertrangle (de). 23, 44, 64.
Beugin (sgrie de).... 55
Biaucarne (de). Voir : Beaucarne.
Bièvre (sgrie de).... 33
Bihamié (f. du) à Wambrechies......... 24
Blondel.......... 8, 27
Bocque (f. de Le)... 20
Bois (du).... 26, 30, 50
Bois (du) dit Bosquet 23, 35, 52.

Bois (sgrie du). 17, 21, 53
Bondues (f. à)...... 15
Bondues (sgrie de) .. 15
Bos (du).... 14, 36, 37
Bos (f. du)...... 13, 17
Bos-le-Meul (f. du).. 14
Bos (sgrie du)...... 14
Bosquelle (de Le).... 47
Bosquet........... 39
Bosquet. Voir : Bois (du).
Bosquiel (du)..... 9, 16
Boubais (de)........ 55
Bourbon (de)....... 32
Bourghelle (sgrie de). 27 et note 1.
Bourgogne (comté de). 57
Bourgogne (duché de). 38, 40, 56, 57.
Bours (sgrie de)..... 28
Bourse........... 47
Bousbecque (sgrie de). 38
Brabant (duché de).. 57
Braon............ 33
Brencq (f. du)...... 17
Brimeu (de)........ 10
Brimeu (sgrie de)... 33
Broech (f. du)...... 27
Bruay (sgrie de). 29, 43
Bruges (de)..... 30, 52
Bruille (Le). Voir : Steelant.
Buoy (f. de)........ 15

Burcq (du)........ 37
Burgault (f. de) à Seclin. 22.
Busebeque (sgrie de). Voir: Bousbecque.
Buvrecques (f. de)... 14

Campinghehem (fief de). Voir: Capinghem.
Candèle (Le)....... 46
Cantin (sgrie de). 50, note.
Capinghem (f. de).... 9
Caples (f. de)........ 15
Capy 35
Carency (sgrie de).... 34
Carnin (de). 10, 12, note; 13, 26, 30, 38 et note.
Castel (du)...... 36, 45
Cathelois 33
Caulerie (f. de La)... 14
Caumesnil (sgrie de). 31
Cavrines (sgrie de)... 16
Cessoie (de La)...... 55
Champs (des)....... 47
Chapelle (de La). 48, 53
Chastel (du)...... 13, 62
Chastel (du). Voir: Houardrie.

Chastel (f. du)...... 13
Chigoine (de)....... 36
Chimay (comté de). 24, 38 43.
Chisne (du).. 15, 24, 33
Chisoing (sgrie de). Voir: Cysoing.
Chucquet. Voir: Sucquet.
Cohem (sgrie de). 17, 21
Colin 36
Comines (sgrie de). 13, 28, 40.
Contay (sgrie de). 20, 21, 31.
Coquelet (f. du)..... 17
Cormont (de)....... 48
Costrel......... 47, 48
Couronnel...... 9, 30
Cousinerie. f. de La). 15
Crèvecœur (sgrie de). 13, 30.
Croisilles (de) ... 61 (1).
Croisilles (sgrie de). 33, 43
Croix (de). 8, 9, 12, 15, 19. 28, 30, 34, 35, 37, 46, 52, 62, 63.
Croix (sgrie de). 14, 35, 50
Croquevilain 47

(1) Hubelet, bâtard de Croisilles, nous paraît être un Montmorency, omis dans la généalogie de cette maison, probablement un fils de Philippe de Montmorency, chevalier, sgr de Croisilles, mort vers 1473. — Cf. Du Chesne, *Montmorency*, Paris, 1624, in-4, p. 467.

Courouble (de)...... 48
Cours (des)............ 47
Cuinghien (de). 14, 27, 31, 34.
Cuvillers (de)....... 51
Cuvillers (sgrie de).. 28
Cuvillon............ 49
Cymay (sgrie de). Voir: Chimay.
Cysoing (sgrie de). 12, 27, notes; 28, 42.

Damin............ 42
Denis.......... 15, 47
Denterghem (sgrie de) 32
Destailleurs........ 33
Domarien 32
Dommessent.... 14, 22
Doresmieulx.... 22, 36
Douai (fief de la châtellenie de). 6, note 3 ; 48 et note.
Douai (fief de Saint-Albin, à).............. 55
Doussire........... 47
Douve (de La)...... 35
Douvrin (de)....... 36
Drivère (de)........ 47
Drumez (de).... 63-64
Drumez (de Croix *dit* de). 46

Durmont (f. de) 14
Egmont (d')........ 11
Englemarès (f. d') à Templeuve-en-Dossemer. 34
Ennequin (f. d')..... 16
Erquinghem - sur-la Lys (sgrie d')......... 13
Escaillet........... 47
Escalus (f. des)..... 15
Escaubecque (d').... 14
Escaudœuvre (sgrie d'). 23, 35, 52.
Escobecque (sgrie d'). 46
Escoivres (d').... 36, 39
Escoivres (sgrie d').. 61
Escordes (sgrie d'). Voir: Esquerdes.
Escornaix (d')...... 28
Escoyvres (d'). Voir: Escoivres.
Esgremond (f. d')... 16
Espaing (f. d')...... 15
Esquerdes (sgrie d'). 37, 40, 41, 43.
Esquermes (fiefs à). 16, 20
Estaimbourg (d') . 12, 60
Estaimbourg (sgrie d'). 16, 34, 45, 49.
Estouteville (d'). 10, 17, 25

6

Estrées (sgrie d'). 8, 22, 29, 34, 53-54.

Fiennes (sgrie de). 12, 13, 29, 30, 35, 38, 40, 49, 60-61.
Fives (f. d'Orifontaine, à). 27.
Fives (f. du Rosier, à). 35.
Flameng 16
Flandre (comté de).. 57
Florence (de) 36
Florens (sgrie de).... 55
Fontaine (de La).... 27
Fontaine (f. de La).. 15
Forest (de) 46
Forestel (sgrie du)... 14
Formelles (de). Voir : Fromelles.
Fosseux (sgrie de)... 42
Foucquissart (fief de). 13
Fourligniel 17
Fourmelles (sgrie de). Voir : Fromelles.
Fremault. 8, 17, 20, 26, 45, 61.
Fresnoie (f de La) .. 14
Fresnoit (f. du) 14
Fretin (de) 51
Fretin (sgrie de). 24, 30, 38

Fromelles (de) 20
Fromelles (sgrie de). 13, 21, 50.
Frumault. Voir: Fremault.
Furnes (vicomté de).. 16
Fuzelier 47

Gamans (fief de).... 13
Gantois..... 14, 17, 47
Gardin (du). 24, 34, 50 et note.
Gelres (duché de). Voir : Gueldre.
Genech (sgrie de). 8, 27 et note 2, 40.
Gherboode 47
Ghistelle (de)....... 30
Ghizelin... 15, 24, 53, 38
Gillon (Le)......... 29
Gommer. 13, 15, 16, 47, 48.
Gorgehel (f. du).... 15
Gony (de) 23, 47
Grand-Mez (de)..... 46
Grand-Rain (de). 16, 47
Gruerie (sgrie de La). 38
Grumarez (f. de).... 16
Guegnies (de) 31, 38, 46
Gueguies (sgrie de).. 55
Gueldre (de)........ 53
Gueldre (duché de). 10, 57

Guignies (de). Voir : Guegnies
Guiselin. Voir : Ghizelin.
Gungnies (de). Voir : Guegnies.

Hacquart.......... 47
Hainaut (de) 51
Hainaut (sénéchaussée de)
   12.
Hallennes (sgrie d'). Voir :
   Allennes.
Halluin (d')........ 40
Halluin (sgrie d'). 15, 33.
   40.
Hamaide (de La). 9, 28,
   32, 46, 51.
Hames (sgrie de) 15, 24,
   42 43, 57.
Haugouart......... 14
Hargerie (sgrie de La). 41
Has (de).... 20, 29, 42
Haute-Anglée (f. de La)
   16.
Hauvardrie (de La). Voir :
   Houardrie.
Hem (d'). 9, 15, 25-26,
   27, 30, 31-32, 45, 52,
   62.
Hem (sgrie d'). 13, 30,
   31, 44, 60.

Herbaumez (d'). 10 et note,
   15 21, 24, 32-33, 44,
   63.
Herbaumez (f. à).... 21
Hérignies (d'). 7, 19, 42
Hérignies (f. à)...... 19
Herin (de). Voir : Herrin.
Hermant 51
Hermaville (d')... 23, 39
Herrin (d')... ... 24, 34
Herrin (sgrie d'). 27, 49
Hersent 16
Heule (d') 15, 37
Hingettes (d')....... 30
Hocron (d'). 26, 29, 32,
   50, 51, 56, 64.
Hollebeke (sgrie d'). 28
Hongrie (f. de La)... 14
Hornes (de).. 24, 34, 38
Houardrie (de La). 16,
   31, 38, 49.
Houardrie (sgrie de La).
   34, 40, 49.
Houplines (f. d').... 13
Hovine............ 50
Humbercourt (sgrie d').
   10, 21, 23 25, 26, 31,
   36, 42.

Inchy (d') 25

Jenech (sgrie de). Voir : Genech.
Jorine 51

La Barre (de). 15, 27, 46, 48.
I a Barre (de). Voir : Lon gueval.
La Broye (de). 12, 39, 62
Lacherie (de Le).. 47, 53
Lachier......... 47, 48
La Croix (de).... 34, 51
La Haye (de). 15, 45, 46, 51.
La Haye (f. de)..... 14
Lalaing (de). 10, 13, note; 49, 52, note.
Lalaing (sgrie de). 12, 61
Laleman........... 50
Lambersart (sgrie de). 13
Lambert........... 16
La Motte (de)....... 55
La Motte (f. de)..... 15
La Motte (f de) à Lesquin............ 19
Landas (de). 15, 28, 32, 51
Landas (sgrie de) 28, 45, 50.
Langlée (de)... 21, 46, 61
Langlée (f. de)...... 16
Lannais (de).... 17, 31

Lannoy (de). 23, 26 à 29, 31, 33 à 38.
Lannoy (sgrie de). 25, 26, 27, 30, 33, 52 et note.
Lanstais (de).... 16, 37
La Porte (de)....... 16
La Roche (sgrie de). 51, 52
La Rive (f. de)... 13, 15
Lattre (de). 17, 23-24, 46, 53.
Léaucourt (de)...... 17
Le Becque (f. de). 15, 36
Le Bourq....... 32, 46
Le Cocq........... 51
Le Court (f. de)..... 15
Le Deusle (de)...... 47
Lembourg (duché de). Voir: Limbourg.
Le Mesre.......... 36
Lens (de)..... 30, 36 37
Le Roy............ 25
Lescaille (de)....... 46
Lespierre (de)...... 47
Lesquin (f. à)....... 22
Lesquin (fief de La Motte, à).............. 19
Lichtervelde (sgrie de). 33
Licques (de)........ 28
Licques (sgrie de). 15, 25, 27, 31.

Lille (fief de la châtellenie de) ..... 12, 18 à 22
Lille (salle de). 7, 12, 18
Limbourg (duché de). 57
Lixtervelde (sgrie de). Voir: Lichtervelde.
Locre (sgrie de)..... 60
Locron (de)......... 32
Lomme (f. à)....... 20
Lomme (sgrie de).... 13
Longastre (sgrie de). 23,55
Longueval (de)..... 36
Lorrain 35
Luxembourg (de). 29, 34, 60, 61, 62.
Luxembourg (duché de).57

Madeleine (f. du Rosier, à La)............. 35
Madringhem (f. de).. 16
Mairie (de La)...... 39
Mairie de Santes..... 33
Maisnil (f. du)...... 13
Malet.......... 15, 20
Malfuison (de)...... 15
Malletotte (f. de La).. 21
Marcenelle (de).. 7, 29-30, 51, 61.
Maresquel (f. du).... 14
Maret (du)......... 48
Marle (sgrie de)..... 23

Marquant....... 14, 46
Marquette - en - Ostrevant (sgrie de)........ 43
Marquillies (sgrie de). 21 et note.
Maufet (f. de)....... 35
Méraulmont (de). Voir: Miraumont.
Mériadec (de). 13 et note, 36.
Merquant. Voir: Marquant.
Meurchin (de).... 8, 28
Meurchin (f. à)..... 21
Meurille........... 48
Mez (du).... 14, 20, 21
Mielot 46
Miraumont (de). 27, 35
Miraumont (sgrie de). 20
Molembaix (sgrie de). 50
Molimont (sgrie de). 13,37
Monceaux (sgrie de). 41,54
Monnoyer (Le). 9, 24-25, 26, 51.
Montcavrel (sgrie de). 37
Montigny (de)...... 55
Montigny - en - Ostrevant (sgrie de)..... 24, 34
Montsorel (sgrie de). 30
Morbecque (sgrie de). 15, 23, 29.
Moriane (de)....... 52

Mortagne (de)... 16, 48
Mortagne (sgrie de).. 41
Motterie (sgrie de La). 38
Mottes (fief des)..... 13
Mouveaux (sgrie de). 13
Moy (de).......... 28
Mucenbus (f. de).... 13
Mulier............ 46
Musy (Le)...... 34, 55

Nammaing. Voir : Nomain.
Naux (de).......... 33
Naveteur (Le)....... 50
Nemours (sgrie de)... 16
Neuve-Église (de). 35, 41, 53.
Neuville (sgrie de). 19, 26, 53.
Noircarmes (de). Voir : Norquelmes.
Nomain (f. de La Planque, à).............. 34
Norquelmes (de).. 8, 40
Nouvelle (de)..... 29, 36
Noyelle (de)...... 20, 46
Noyelle (sgrie de)... 14

Obecicourt (d'). Voir : Auberchicourt.
Oby (sgrie d').Voir: Auby.
Olebaing (d')....... 28

Onguies (d'). 8, 11, 31, 32, 53, 54.
Oostrice (duché d'). Voir : Autriche
Orguet.......... 47, 48
Ordyme (d')........ 50
Ordinghe (d')....... 36
Orifontaine (f. d'), à Fives.............. 27
Ostende (d')........ 50
Ostrice (duché d'). Voir : Autriche.

Palliard...... 48, note.
Palme (sgrie de).... 33
Pardon........... 49
Patin 15
Paulo (f. de)....... 13
Payaige (sgrie du). Voir : Péage.
Péage (du). 22, 39, note.
Péage (sgrie du). 35, 39-40.
Percy (de)...... 36, 53
Pérenchies (sgrie de). 30
Pernes (fief de)..... 12
Persy (de). Voir : Percy.
Petit-Wasquebal (f. de).15
Pétrieux (f. de)..... 17
Picavet..... 14, 46, 47
Picquette. Voir : Piquette.

Pillefour....... 17, 64
Pinchon 48
Piquette........... 55
Planche (fief de La) à Ra-
  dinghem 13
Planque (f. de La) à No-
  main 34
Platerie (f. de La). 21-22
Pont-Rewart (de). 16, 44
Pottes (sgrie de).... 16
Poucques (de). 13, 36, 43,
  44, 52.
Poulain........ 37, 44
Poutrains (f. des) ... 15
Prémesque (de).. 22, 36
Prémesque (sgrie de). 38
Pret (du) 46
Pretz (des). Voir : Prez.
Preudhomme (Le). 14, 15,
  17, 28, 34, 44, 47.
Prevost. 26, 29, 42, 46,
  62, 63.
Prévôtés (fief des). 10,
  note ; 15, 17.
Prez (des)..... 14, 26, 51
Prez (f. des)........ 17
Prez (sgrie des)..... 55
Primecque (de). Voir: Pré-
  mesque.
Prouvost.......... 15

Quartes (de)........ 46
Quesne (de)....... . 35
Quesnoit (f. de)..... 17
Quesnoy-sur-Deûle (sgrie
  de)....... 11, 41, 54
Quiélencq (de)... 26, 29
Quièze (f. de La).... 16
Quingey (de)....... 32

Rabecque (de)... 21, 22
Rabodenghes (sgrie de).
  16, 31, 51.
Radinghem (fief de), nom-
  mé La Planche... 13
Raisse (de). 20, 41, 46, 62
Raisse et Saint - Simon
  (fief de)......... 13
Rasse (de). Voir : Raisse.
Rat........... 10, 30
Raussicourt (de).... 31
Ravestain (sgrie de). 28,
  35, 39, 43, 52 et note.
Rebecq (sgrie de).... 13
Rebreuves (de).. 16, 31
Récourt (de)....... 28
Regnault.......... 50
Regnier. 14, 24, 46, 47
Relenghes (sgrie de). 8,
  27, 51.
Reubempré (de). Voir :
  Rubempré.

Reyère (fief de La)... 12
Robert............. 56
Rocque (f. de)...... 16
Rogeault (Le)...... 51
Roicourt (de). Voir: Récourt.
Romont (de)....... 14
Romont (sgrie de)... 19
Roquenghien (sgrie de). 34
Rosier (f. du) à La Madeleine et Fives... 35
Rosiers (f. des)...... 16
Rosimbos (de). 8, 24, 26, 27, 33, 56.
Rosimbos (sgrie de). 43, 44, 45, 60.
Roubaix (sgrie de). 16, 17, 30, 34, 35, 44, 52.
Roucy (sgrie de).... 35
Rousée............. 39
Roussy (de)........ 51
Roussy (sgrie de). Voir: Roucy.
Rubempré (de)..... 29
Rufault............ 56
Ruiel.............. 15
Ruimont (de).. 7, 23, 50
Rume (f. de)....... 15
Ruter.............. 59
Ruyelle (de La)..... 48

Ruymont (de). Voir: Ruimont.

Sainghin (sgrie de).. 41
Saint-Albin (sgrie de). 55
Saint-Ferriol (de)... 46
Saint-Genois (de)...34, 48
Saint-Pierre-Mesnil (de). 24.
Saint-Pol (de) 17
Saint-Pol (comté de). 12
Saint-Simon (fief de). Voir: Raisse.
Sainte-Aldegonde (de). 8, 27 et note 2.
Saisines (f. des)..... 14
Salle (de La)......... 44
Salle (f. de La)...... 17
Santes (mairie de)... 33
Santes (sgrie de). 30, 41-42, 59-60.
Sars (de).......... 37, 51
Saulch (de Le)...... 48
Savary............. 47
Saveuse (de)......26, 29
Seclin (de)......... 25
Seclin (f. de Burgault, à). 22.
Sénéchaux (f. des)... 15
Sequedin (sgrie de) 22 et note 2.

Six.............. 17
Stavele (de)........ 31
Steelant........... 29
Sucquet. 8,22,38,39,note.
Surques (de).. 48, note.

Tachou............ 24
Tailleur (Le).... 34, 48
Templeuve - en - Dossemer
  (h. f. l'Englemarés, à). 31
Tenremonde (de). 8, 14,
  17, 21, 25, 26, 46, 53,
  64 et note.
Ternay (de). 32, 33 et note.
Thieulaine. 8, 16, 19, 20,
  29, 31-35, 47.
Tombes (f. des)..... 17
Tortequesne (de). 31, 41,
  46.
Tourcoing (f. à).... 20
Tourmignies (f. à)... 21
Tramerie (de la).... 30
Truie (A la)........ 47

Vacquerie (f. de La). 17
Vandegies (de).Voir: Veu-
  degies.
Velaines (f. de)..... 16
Veudegies (de). 31, 55
Vendville (de)...... 16
Vergelos. Voir : Vregelo.

Verlinghem (f. à) 17, 20
Vert-Bois (f. du).... 15
Viconneries (fief).... 21
Vidamie. Voir : Amiens.
Viez-Biez (f. du).... 13
Viez-Bus (f. du). 15
Viez-Clenquemeure f. du
  13.
Vigne (de Le). 15, 31, 39,
  46.
Vigne (f. de Le 15
Vilain 47
Villers (de)......... 35
Vinage (du)........ 26
Viugne (de Le). Voir : Vi-
  gne.
Vredière... 9, 15, 32, 47
Vregelo... 21, 23, 24, 51
Vrelenghehem. Voir: Ver-
  linghem.
Vriendt (Le)........ 19

Wailly (de)........ 33
Walo (de Le) 47
Wambrechies (fief du Bi-
  hamié, à)........ 21
Wanebrechies. Voir :
  Wambrechies.
Warennes (sgrie de).13,50
Warewane (de La).. 64
Wariguy (de)...... 18

Wascalus (f. des).... 16
Wasquehal (fiefs de). 17
Wasquehal. Voir: Petit-Wasquehal.
Wastepaste..... 14, 51
Wastines (des). 9, 30, 49, 51.
Wattrelos (sgrie de). 51
Wavrin (de). 14, note; 29, 39, 63 et note.
Wavrin (sgrie de). 13, 29, 39.

Waziers (fiefs de). 13, 27, 32.
Werquigneul (de). 7, 13, 29, 30.
Wignacourt (de).... 15
Winguencourt (de).. 36
Wint (de) 51
Wrelenghehem. Voir: Verlinghem.

Zieppe (de le). 15, 28, 32.

www.ingramcontent.com/pod-product-compliance
Lightning Source LLC
LaVergne TN
LVHW021003090426
835512LV00009B/2043